중국 지도자의 수첩

중국 지도자의 수첩

中国领导人的手册

성균관대학교 성균중국연구소 편

성균관대학교
출판부

차례

서문

　　시진핑 주석과 리커창 총리 등 제5세대 중국 지도자들의 화법이 달라졌다. 중국의 고전을 적극적으로 활용하고 전달력을 높이기 위해 생활 속의 비유를 활용하는 빈도도 많아졌다. 물론 정상 교육을 받은 건국 후 세대의 정치 스타일을 반영하는 것이지만, 그 저변에는 중화문명에 대한 자신감과 생활정치를 실험하는 정치문법이 담겨 있다. 이러한 고금을 넘나드는 정치적 수사는 종종 중국학자들도 그 정확한 의미를 확인하는 데 어려움을 느끼게 한다. 하물며 중국문화에 대한 심층적 이해가 부족한 외국인들이 이를 정확히 이해하는 것은 더욱 더 어렵다.

　　이러한 전달방식은 비단 정치와 외교의 세계뿐 아니라 비즈니스와 학문세계에서도 널리 유행하고 있다. 심지어 이러한 중국의 스타일을 반영해 외국 정상들이나 외교관들 또는 기업의 CEO들도 동양의 고전에서 자신의 철학과 생각을 찾아 중국과의 대화와 협상에 활용하기도 한다.

이러한 고전을 활용한 화법은 한자가 가진 다의성 때문에 상대에게 복합적인 메시지를 전달하는 데 효과적일 뿐 아니라, 직접적으로 반응하기보다는 상대가 말하고자 하는 의미를 다시 한 번 걸러 생각할 수 있다는 장점이 있다.

물론 이러한 화법이 부작용이 없는 것은 아니다. 지나치고 적절하지 않은 비유는 전달력을 떨어뜨릴 수 있고 충분히 체현되지 않는 고사성어와 전거를 사용할 경우 불필요한 오해를 불러일으키기도 한다. 실제로 외교현장에서 쓰인 기존의 연설문이나 발언록을 찾아보면 구색을 맞추기 위해 만들어 낸 어색한 고사성어나 비유가 많아 차라리 쓰지 않는 것이 나은 경우도 쉽게 발견할 수 있다.

『중국 지도자의 수첩』에는 시진핑 국가주석과 리커창 총리의 발언을 중심으로 이들이 어떠한 비유를 사용하고 어떤 고전에서 자신의 생각과 철학 그리고 국정방침을 밝히는가를 분류해 번역했다. 여기에서 사용된 자료는 공식적으로 발표된 자료와 문건 그리고 인터넷 등에서 찾아 일정한 기준에 따라 분류하고 해설했다. 뿐만 아니라 인터넷에서 유행하는 용어들도 빈도를 고려해 시간적으로 배열했다. 유행어는 중국의 역동적인 사회상을 잘 반영하고 있다.

그러나 문제는 번역의 질이다. 옌푸(嚴復) 선생의 표현대로 "원작에 충실하고(信) 문장이 매끄럽고(達) 고상해야(雅)" 하는 작업은 간단치 않다. 다행히 중국은 우리와 지리적으로 가깝고 한자문화를 공유하고 있고 유교문화 속에서 살아왔기 때문에 상대적으로 그 의미를 파악하는 데 유리하다. 그리고 중국 공공외교의 초석을 놓았던 자오치정(趙啓正) 전 중국신문판공실 주임의 말처럼 "번역은 문화 사이의 다리"라는 사명감으로 우리 독자들에게 중국 지도자들의 속내를 소개함으로써 중국 이해의 또 하나의 디딤돌을 놓고자 한다.

『중국 지도자의 수첩』은 중국과 교류가 잦고 이른바 '영도간부'들과의 고담준론의 기회가 있는 외교와 기업현장, 정책참모들, 통번역 현장에서 중국의 고사성어를 옮기는 과정에서 애를 먹었던 통역사들 그리고 중국사회를 이해하고 중국어를 배우는 학생들에게 유용한 길잡이 역할을 할 수 있을 것이다. 그러나 한 걸음 더 들어가면 중국이 직면한 어려움을 이해할 수 있는 "진정한 중국(眞情中國)"을 접할 수 있도록 했다. 이 책을 출판하는 동안 여러 단계를 거쳤다. 우선 중국 지도자들의 핵심 주장을 담은 비유, 고전 속에서 찾은 지혜, 인터넷 유행어를 공식문건과 인터넷 등에서 찾은 다음 우리의 맥락에서 꼭 필요한 것을 중심으로 취사선택했다. 이후 중국어를 한국어로 옮기는 실무적 번역과정에서는 각각 수행한 초역을 교차검토하면서 문체의 일관성을 유지하기 위해 한 사람이 통일적으로 교열했다. 그리고 옛 문헌에 나타난 고문 투의 문장들은 한문학자들이 참여해 기존 번역과 대조하면서 교열했다. 이 책의 출판까지 선별과 번역 과정에서 고영희 박사(전북대), 장현주 선생(한중동시통역사), 우완영 연구원(성균중국연구소) 등의 협동정신에 힘입은 바 크다. 이들은 모두 성균중국연구소와 깊은 관련을 맺고 있는 식구들이자 후원자들이다. 여기에 고문 교열과정에 참여한 한문학자 원주용 박사, 중국어 번역을 감수한 이정순 교수(중앙대), 양갑용 박사(성균중국연구소)에게도

감사인사를 드린다.

그동안 성균중국연구소는 중국연구 기반구축, 정책연구는 물론이고 번역 등 중국연구의 대중화에 관심을 가져왔다. 『중국 지도자의 수첩』의 출간도 이런 차원에서 기획된 것으로 중국사회를 보다 정확하게 이해하고 학문과 정책 그리고 기업현장에서 널리 활용되기를 바란다. 편집을 마치고 나니 비록 실용적 목적에서 출발했지만, 지도자들의 발언 자체가 일종의 중국 교양서의 역할도 톡톡히 하고 있다는 것을 발견하면서 보람과 위안으로 삼는다. 독자 여러분의 아낌없는 질정과 성원을 바란다.

성균관대 동아시아학술원

성균중국연구소 소장 이희옥

2016년 맹렬한 더위에서

序

以习近平主席与李克强总理为代表的中国第五代领导人的话语方式改变了。他们开始积极引用中国古代典籍,为提高传达能力还经常运用生活中的比喻。虽然这可能是反映了得到正常教育的新中国成立后一代的政治风格,但究其根本,其中蕴含着对中华文明的自信与检验生活政治的政治语法。这种穿越古今的政治修辞往往也让中国学者难以参透其中准确的含义,而对于外国人来说就更是难上加难了。

这种传达方式不仅在政治界与外交界,在商界与学术界也广为流行。一些外国首脑或外交官,以及企业CEO为了反映这种中国风格,也开始在东洋典籍中寻找自身的哲学与思想,应用于与中国的对话和协商之中。由于汉字本身的多义性,这种引用典籍的话语方式的优点是,能非常有效地向对方传达复杂的信息,相比直接作出反应,可以再次过滤和重新思考对方想要表达的意思。

当然，这种话语方式也并非没有副作用。过度和不恰当的比喻反而会降低表现力，在使用一些表述不完整的成语典故或是典籍的时候，可能会造成一些不必要的误会。实际上，从一些外交场合出现的演讲文或发言中，经常可以发现为了点缀而生搬硬套许多成语典故或是比喻的现象，但有时候却是画蛇添足。

《中国领导人的手册》主要以习近平主席与李克强总理的发言为中心，对他们使用了什么样的比喻，在什么样的典籍中寻找自身的想法与哲学来指明国政方针进行了分类和翻译。这本书中采用的资料来自公开发表的资料与文件，以及网络，并按照一定的标准进行了分类和解析。与此同时，还收集了一些网络上流行的高频用语，按时间进行了排序。流行语很好地反映了中国活跃的社会面貌。

关键还是在翻译的质量上。有关翻译，严复先生曾提到"信达雅"，但实践起来却并非易事。不过，幸好中韩两国地理上邻近，共享汉字文化，共同生活在儒家文化之中，所以相对便于理解其中的意思。奠定了中国公共外交基础的原中国新闻办公室主任赵启正先生也曾说道"翻译是文化的桥梁"，鉴于这种使命感，希望能给读者们介绍中国领导人的心声，为理解中国摆好又一块垫脚石。

《中国领导人的手册》在与中国交流频繁的"领导干部"之间的高谈阔论机会较多的外交场合及商务现场，以及对于政策参谋与在翻译现场为一些成语典故伤脑筋的译员，还有想要了解中国和学习中文的学生来说，可以发挥向导的作用。更进一步来讲，可以从中理解中国的难处，领略"真情中国"。在出版这本书的过程中经历了许多个阶段。首先，在官方文件和网络中搜集蕴含中国领导人核心主张的比喻，以及在典籍中发现的智慧，之后从我们的角度选取了必要的内容。在翻译之后对各自翻译的部分进行了交叉校对，又为了保持文体的一致性，最后由一人进行统一的校对。此外，引用古代典籍的古文部分，还有汉文学者参与了校对。本书出版前的内容筛选与翻译过程得益于高英姬博士（全北大学）、蒋贤周老师（韩中同传）、于婉莹研究员（成均中国研究所）等几位的合作精神，他们都是与成均中国研究所保持紧密关系的家人和支持者。在此，还要向参与了校阅过程的汉文学者元周用博士，对中文翻译进行了校对的李贞顺老师（中央大学）与杨甲镛博士（成均中国研究所）致以感谢。

成均中国研究所一直以来致力于奠定中国研究的基础和政策研究，与此同时也一直关注着中国研究的大众化。《中国领导人的手册》也是出于这种目的而企划出版的，为的是能够更加准确地理解中国社会，也希望大家能够在学问、政策，以及企业中广泛应用。结束编辑后发现，虽然当时出版此书是以实用性为目的的，但由领导人的发言编辑而成的这本书还具有一种中国教育书籍的作用，颇感收获与慰藉。望各位读者不吝指正与支持。

成均馆大学 东亚学术院

成均中国研究所 所长 李熙玉

2016年 酷暑

제 1 장

비유편

비유편

01

bú yào huàn yí jiè lǐng dǎo jiù dōu dǐ fān

不要换一届领导就兜底翻

지도부가 바뀌었다고 완전히 정책을 뒤엎어서는 안 된다.

원문

"政贵有恒"。为官一方，为政一时，既要大胆开展工作，锐意进取，又要保持大局稳定和工作连续性。看准了的要及时调整和完善，但不要换一届领导就兜底翻，更不要为了显示所谓政绩而去另搞一套，真正能做到一张好的蓝图一干到底，不折腾，不反复，切实干出成效来。(2012年12月15日，习近平在中央经济工作会议上的讲话)

번역

정책은 그 연속성이 유지되어야 합니다. 관리는 잠시 관직에 머물지만,

일을 할 때는 대담하게 진취적으로 밀고 나가면서도 큰 틀에서의 안정성과 업무의 연속성을 고려하면서 추진해야 합니다. 정확한 판단하에 적기에 조정과 개선을 해야 하지만, 지도부가 바뀌었다고 완전히 정책을 뒤엎어서는 안 되며 본인의 실적을 위해 마음대로 다른 정책을 추진해서는 더더욱 안 됩니다. 훌륭한 청사진을 가지고 끝까지 밀고 나가면서 쓸데없이 반복하지 말고 실질적인 성과를 얻어낼 수 있도록 해야 할 것입니다. (2012년 12월 15일, 중앙경제공작회의에서의 시진핑의 연설에서)

02

yào yǐ tà shí liú yìn　zhuā tiě yǒu hén de jìn tóu zhuā xià qù
要以踏石留印、抓铁有痕的劲头抓下去

돌을 밟아도 발자국을 남기고, 쇠를 잡아도 흔적을
남길 만큼의 열정으로 일을 확실하게 하다.

원문

要以踏石留印、抓铁有痕的劲头抓下去, 善始善终、善做善成, 防止虎头蛇尾, 让全党全体人员来监督, 让人民群众不断看到实实在在的成效和变化。(2013年1月22日, 习近平在十八届中央纪委二次全会上的讲话)

번역

돌을 밟아도 발자국을 남기고, 쇠를 잡아도 흔적을 남길 만큼의 열정으로 일을 확실하게 합니다. 초심을 잃지 말고 반드시 성과를 내도록 함으로써 용두사미가 되지 않도록 해야 할 것입니다. 전체 당원이 감독하면서 국민들이 실질적인 성과와 변화를 느낄 수 있도록 해야 합니다. (2013년 1월 22일, 18기 당 중앙기율검사위원회 2차 전체회의에서의 시진핑의 발언에서)

03

pì gǔ zhǐ huī nǎo dài
屁 股 指 挥 脑 袋

엉덩이가 머리를 지휘하다.

(부서 이기주의)

원문

转变政府职能是行政体制改革的关键，是触动利益的事，一定要从大局和人民利益出发，不搞"屁股指挥脑袋"的本位主义，脑子要用在考虑人民关心、焦心的问题上。(2013年1月23日，李克强主持召开食安委第五次全体会议时发表讲话)

번역

정부의 직능을 전환하는 것은 행정체제 개혁의 핵심입니다. 이것은 이익과 관련된 사안이기 때문에 전체적인 상황과 국민의 이익으로부터 출발해야 합니다. '엉덩이가 머리를 지휘하는' 부서 이기주의에서 탈피해야 하며, 국민이 관심을 갖거나 걱정하는 문제에 집중해야 할 것입니다.
(2013년 1월 23일, 식품안전위원회 제5차 전체회의에서의 리커창의 연설에서)

※ 엉덩이는 자신의 몸이 속한 곳, 혹은 입장을 말한다. "엉덩이가 머리를 지휘한다"는 것은 자신이 처한 상황이나 입장에 유리하게 생각하는 것을 말한다.

04

cān zhuō shàng de mín shēng
餐桌上的民生

식탁 위의 민생

yì fàn gāo liáng　　wéi xì wàn jiā　　chái mǐ yóu yán　　guān xì dà jú
一饭膏粱，维系万家；柴米油盐，关系大局。

풍성한 한 끼 식사는 모든 가정이 유지되는 근본이며,

땔감·곡식 등 생활필수품은 국민생활 전반에 영향을 준다.

원문

食品安全是餐桌上的民生、餐桌上的经济。强化市场监管，食品应放在重中之重的位置。"一饭膏粱，维系万家；柴米油盐，关系大局"。目前，食品监管领域仍存在职能交叉或职责不清，既有重复监管，也有监管"盲点"。要建立监管的长效机制，必须整合部门监管职能。(2013年1月23日，李克强主持召开食安委第五次全体会议时发表讲话)

식품 안전은 식탁 위의 민생이며, 식탁 위의 경제입니다. 시장에 대한 감독·관리를 강화해야 하며, 그 중에서도 식품 감독·관리를 가장 중요한 위치에 두어야 합니다. '풍성한 한 끼 식사는 모든 가정을 유지하는 근본이며, 땔감이나 곡식 등 생활필수품은 국민생활 전반에 영향을 줍니다.' 현재 식품 감독과 관리 영역은 여전히 업무가 교차되어 있거나 직책이 모호합니다. 감독·관리에 중복되는 부분도 있고 '사각지대'도 있습니다. 따라서 감독·관리의 장기적인 메커니즘을 구축하기 위해서 관련 부서의 감독·관리 기능을 통합·조정해야 할 것입니다. (2013년 1월 23일, 식품안전위원회 제5차 전체회의에서의 리커창의 연설에서)

05

wǒ men yào yǒu dìng dīng zi jīng shén
我们要有"钉钉子"精神

못을 박을 때와 같이 끝까지 해내고야 말겠다는 정신이 필요하다.

원문

我们要有"钉钉子"精神。钉钉子不是一锤子就能钉好的，往往是要一锤一锤接着敲，直到把钉子钉实钉牢，钉牢一颗再钉下一颗，连续不断地解决各种问题，必然大有成效。(2013年2月28日，习近平在十八届二中全会上的讲话)

번역

못을 박을 때와 같이 끝까지 하는 정신이 필요합니다. 못을 박을 때는 한 번의 망치질로는 안 됩니다. 대개 못이 튼튼히 박힐 때까지 계속해서 망치질을 해야 합니다. 그리고 못을 하나 박고 나면, 또 이어서 다른 못을 박습니다. 이처럼 계속 이어서 여러 가지 문제들을 해결해 나갈 때 큰 성과를 거둘 수 있는 것입니다. (2013년 2월 28일, 제18기 2중전회에서의 시진핑의 연설에서)

※ 못을 박기 위해 망치질을 할 때는 한 번의 망치질로 박을 수 있는 것이 아니라 못이 들어갈 때까지 계속 망치질을 해야 하기 때문에, 일을 할 때도 이와 같이 될 때까지 끝까지 해야 한다는 뜻으로 사용된다.

06

xīn bàn fǎ bú huì yòng   lǎo bàn fǎ bù guǎn yòng
新办法不会用，老办法不管用，
yìng bàn fǎ bù gǎn yòng   ruǎn bàn fǎ bù dǐng yòng
硬办法不敢用，软办法不顶用。

새로운 방법은 쓸 줄 모르고, 기존의 방법은 쓸모가 없으며,

엄격한 방법은 쓸 엄두가 안 나고, 유연한 방법은 효과가 없다.

원문

很多同志有做好工作的真诚愿望，也有干劲，但缺乏新形势下做好工作的本领，面对新情况新问题，由于不懂规律、不懂门道、缺乏知识、缺乏本领，还是习惯于用老思路、老套路来应付，蛮干盲干，结果是虽然做了工作，有时做得还很辛苦，但不是不对路子，就是事与愿违，甚至搞出一些南辕北辙的事情来。这就叫新办法不会用，老办法不管用，硬办法不敢用，软办法不顶用。(2013年3月1日，习近平在中央党校建校80周年庆祝大会暨2013年春季学期开学典礼上的讲话)

번역

많은 동지들이 일을 잘하고 싶은 열망과 열정을 가지고도 역량이 부족하여, 새로운 상황과 문제에 직면했지만 규칙과 방법을 모르고 지식과 요령이 부족해 익숙한 기존의 방법으로만 대응하는 경우가 많습니다. 그 결과 일은 했지만, 게다가 매우 열심히 고생해서 했지만, 방법이 잘못되거나 원래의 목적과는 반대로 일을 하거나 심지어는 완전히 엉뚱한 일을 하는 경우도 있습니다. 새로운 방법은 쓸 줄 모르고, 기존의 방법은 쓸모가 없으며, 강한 방법은 쓸 엄두를 못내고, 약한 방법으로 효과를 내지 못하고 있습니다. (2013년 3월 1일, 중앙당교 설립 80주년 기념식 겸 2013년 춘계 학기 개학식에서의 시진핑의 연설에서)

gǎi gé jìn rù le shēn shuǐ qū

改革进入了深水区

개혁이 심수구(深水區), 가장 중요하고 어려운 시기에 진입했다.

원문

改革进入了深水区，也可以说是攻坚期，的确是因为它要触动固有的利益格局。现在触动利益往往比触及灵魂还难。但是，再深的水我们也得趟，因为别无选择，它关乎国家的命运、民族的前途。这需要勇气、智慧、韧性。(2013年3月17日，李克强在十二届全国人大一次会议上回答中外记者提问)

번역

현재 개혁은 심수구(深水區), 다시 말해 가장 어려운 시기(攻堅期)에 진입했다고 할 수 있습니다. 개혁을 위해서는 기존의 이익 구도를 깨야 하기 때문입니다. 오늘날 (어떤 사람의) 이익을 건드리는 것은 종종 (그 사람의) 영혼을 건드리는 것보다 어렵습니다. 그러나 아무리 물이 깊더라도 우리는 건너가야 합니다. 선택의 여지가 없기 때문입니다. 여기에 국가의 운명, 민족의 미래가 걸려 있습니다. 용기와 지혜, 끈기가 필요합니다. (2013년 3월 17일, 제12기 전인대 제1차 회의 기자회견 시 리커창의 답변에서)

hǎn pò sǎng zi bù rú shuǎi kāi bǎng zi
喊破嗓子不如甩开膀子

목청만 높이는 것보다 팔을 걷어붙이는 것이 낫다.

원문

之所以说改革是最大的红利，是因为我国社会主义市场经济还在完善过程中，靠改革进一步解放生产力还有巨大的潜力，让改革的红利惠及全体人民还有巨大的空间。改革贵在行动，喊破嗓子不如甩开膀子。(2013年3月17日，李克强在十二届全国人大一次会议上回答中外记者提问)

번역

개혁이 (중국의) 가장 큰 보너스라고 말하는 이유는 중국의 사회주의 시장경제가 여전히 완성되어 가는 과정에 있기 때문입니다. 개혁을 통해 생산력을 제고시킬 수 있는 가능성이 크고, 개혁의 혜택이 전 국민에게 모두 돌아갈 수 있게 할 여지가 아직도 큽니다. 개혁은 행동이 중요합니다. 목청만 높이는 것보다 실제로 팔을 걷어붙이고 행동을 하는 것이 중요합니다. (2013년 3월 17일, 제12기 전인대 제1차 회의 기자회견 시 리커창의 답변에서)

zhuàng shì duàn wàn de jué xīn

壮士断腕的决心

장사가 팔을 잘라내는 결심

원문

不是说政府有错位的问题吗? 那就把错装在政府身上的手换成市场的手。
这是削权, 是自我革命, 会很痛, 甚至有割腕的感觉, 但这是发展的需
要, 是人民的愿望。我们要有壮士断腕的决心, 言出必行, 说到做到, 决
不明放暗不放, 避重就轻, 更不能搞变相游戏。(2013年3月17日, 李克强
在十二届全国人大一次会议上回答中外记者提问)

번역

정부의 잘못된 역할 설정에 대해 지적하는데, 그렇다면 정부에 잘못 달
린 손을 시장의 손으로 바꾸어 놓으면 될 것입니다. 이것은 권한을 축소
하는 것이며, 자기 혁명입니다. 매우 고통스럽고, 심지어 한 팔을 잘라내
는 아픔이 있을 것입니다. 그러나 발전에 필요한 것이며, 국민이 바라는
바이기도 합니다. 우리에게는 자기 팔을 잘라내는 결심, 즉 전체를 지키
기 위해 작은 것은 희생할 줄 아는 결단력이 필요합니다. 말한 대로 실행
하여 언행이 일치하도록 해야 합니다. 겉으로는 정부의 권한을 이양한다
고 말하고, 실제로는 권한을 틀어쥐고 있어서는 안 될 것입니다. 어려운

일은 피하고 쉬운 일만 골라 해서도 안 되며 변칙적인 수법은 더욱 안 됩니다. (2013년 3월 17일, 제12기 전인대 제1차 회의 기자회견 시 리커창의 답변에서)

10

yào shǐ míng guī zé zhàn shèng qián guī zé
要 使 "明 规 则" 战 胜 "潜 规 则"

관행적 규칙보다는 명시적 규칙이 자리 잡도록 해야 한다.

원문

要推动促进社会公正的改革, 不断地清理有碍社会公正的规则, 而且要使 "明规则"战胜"潜规则"。(2013年3月17日, 李克强在十二届全国人大一次会议上回答中外记者提问)

번역

사회 정의를 촉진하는 개혁을 추진하고, 사회 정의를 침해하는 규칙을 지속적으로 없애야 합니다. 또한 관행적 규칙보다는 명시적 규칙이 자리 잡도록 해야 합니다. (2013년 3월 17일, 제12기 전인대 제1차 회의 기자회견 시 리커창의 답변에서)

chéng zhèn huà yě bù néng kào tān dà bǐng

城镇化也不能靠摊大饼

도시화도 단순한 규모 확대에만 기대서는 안 된다.

원문

城镇化也不能靠摊大饼，还是要大、中、小城市协调发展，东、中、西部地区因地制宜地推进。还要注意防止城市病，不能一边是高楼林立，一边是棚户连片。本届政府下决心要再改造一千万户以上各类棚户区，这既是解决城市内部的二元结构，也是降低城镇化的门槛。(2013年3月17日，李克强在十二届全国人大一次会议上回答中外记者提问)

번역

도시화는 단순히 규모만 확장하는 것이 아닙니다. 대·중·소도시의 조화로운 발전이 필요하고, 동·중·서부 지역별로 각 지역의 실정에 맞게 추진되어야 합니다. 또한 도시병의 출현도 막아야 합니다. 한쪽에는 고층건물이 즐비한데 다른 한쪽은 판잣집이 가득해서는 안 될 것입니다. 이번 정부는 천만 가구 이상의 판잣집 밀집 지역들에 대한 재개발을 추진할 것입니다. 이를 통해 도시 내부의 이원적 구조를 해결하고, 도시화의 문턱을 낮추도록 하겠습니다. (2013년 3월 17일, 제12기 전인대 제1차 회의 기자회견 시 리커창의 답변에서)

zhòng rén shí chái huǒ yàn gāo

众人拾柴火焰高

모두가 장작을 주워 오면 불꽃이 크다.

(사람이 많으면 힘도 커진다.)

원문

"众人拾柴火焰高"。 我们有一个既有分工又有协作的中央领导集体, 有一套比较有效的工作机制, 大家各负其责, 共同把工作做好。(2013年3月19日, 习近平在接受金砖国家媒体联合采访时的讲话)

번역

옛말에 '모두가 장작을 주워 오면 불꽃이 크다'고 했습니다. 우리는 각자 나누어 분업을 하되 함께 협업도 하는 중앙 집단지도체제를 갖추고 있고, 또한 효율적인 업무 시스템을 갖추고 있습니다. 모두가 각자의 책임을 다하되 함께 업무를 해 나가는 것입니다. (2013년 3월 19일, 브릭스 국가 미디어 공동 인터뷰 시 시진핑의 연설에서)

zhèng fǔ shuō dào jiù yào zuò dào   bù néng   fàng kōng pào

政府说到就要做到, 不能 "放空炮"。

정부는 말한 것을 반드시 실행해야 하고

'무책임한 말'을 해서는 안 된다.

원문

政府说到就要做到, 不能"放空炮"。国务院做出的决定一定要不折不扣地
执行,决不能搞变通, 各级都要加大督查力度没有做到的要问责, 不能当无
所作为的"太平官"。(2013年3月20日, 李克强主持召开新一届国务院第
一次全体会议)

번역

정부는 말한 것을 반드시 실행해야 하고 '무책임한 말'을 해서는 안 됩니
다. 국무원이 내린 결정은 한 치도 어김없이 반드시 집행되어야 하며, 변
칙적으로 집행해서는 절대 안 됩니다. 각급 정부는 감독의 강도를 높여
실행되지 못한 것에 대해서는 책임을 물어야 합니다. 아무 일도 안 하는
'태평한 관리'가 되어서는 안 됩니다. (2013년 3월 20일, 국무원 구성 후 제1
차 국무원 전체회의 시 리커창의 발언에서)

lèi bìng kuài lè zhe

累并快乐着

힘들지만 즐겁다.

원문

我不是痛并快乐着，是累并快乐着。(2013年3月22日，习近平在会见中国驻俄使馆工作人员和中资机构代表时的讲话)

번역

저는 고통스럽고 즐거운 게 아니라, 힘들지만 즐겁습니다. (2013년 3월 22일, 주러시아 중국대사관 직원 및 중국 투자 기관 대표와의 회견 시 시진핑의 연설에서)

※ '痛并快乐着(고통스럽지만 즐겁다)'는 가수 치친(齊秦)의 동명 앨범 『痛并快乐着(1995)』에서 유래한 것으로, 앨범 발매 후 '일하지만 즐겁다', '고생하지만 즐겁다'라는 말들이 유행했다. 시진핑 역시 유사한 표현을 사용하여 주러시아 중국 대사관 등 대표들에게 러시아에서의 바쁜 일정을 '힘들지만 즐겁다'고 표현했다.

xié zi hé bù hé jiǎo   zì jǐ chuān le cái zhī dào
鞋子合不合脚，自己穿了才知道。

신발이 내 발에 맞는지는 신어 보아야 한다.

(나라마다 상황이 다르므로 각국에 맞는 제도를 택해야 한다.)

원문

我们主张，各国和各国人民应该共同享受尊严。要坚持国家不分大小、强弱、贫富一律平等，尊重各国人民自主选择发展道路的权利，反对干涉别国内政，维护国际公平主义。"鞋子合不合脚，自己穿了才知道"。一个国家的发展道路合不合适，只有这个国家的人民才最有发言权。(2013年3月23日，习近平在莫斯科国际关系学院的演讲)

번역

모든 나라 모든 국민의 존엄이 보장되어야 한다고 생각합니다. 국가의 크기나 국력, 빈부에 상관없이 똑같이 평등해야 합니다. 그리고 모든 나라의 국민이 스스로 발전의 길을 선택할 권리 역시 존중받아야 합니다. 우리는 다른 나라의 내정에 간섭하는 것을 반대하며 국제사회에서 공평함이 지켜져야 한다고 주장합니다. 신발이 내 발에 맞는지 안 맞는지는 신어 보아야 알 수 있습니다. 국가 발전방식이 그 나라에 맞는지 안 맞는지는 그 나라 국민만이 말할 수 있습니다. (2013년 3월 23일, 모스크바 국

16

gěi quán lì tú shàng　　fáng fǔ jì　　　dài shàng　　jǐn gū zhòu
给权力涂上"防腐剂"、戴上"紧箍咒"

권력에 '방부제'를 바르고 '금고아(손오공의 머리띠)'를 씌우다.

원문

坚定不移地把反腐倡廉推向深入,坚持有贪必肃、有腐必反.用制度管权、管
钱、管人.给权力涂上"防腐剂"、戴上"紧箍咒",真正形成不能贪、不敢
贪的反腐机制。(2013年3月26日，李克强在国务院第一次廉政工作会议上
的讲话)

번역

반부패·청렴운동을 확고하게 추진하여 심화·발전시켜야 합니다. 부정
행위는 반드시 숙청하고 부패행위는 반드시 단속해야 합니다. 권력·금
전·사람을 관리할 수 있는 제도를 확립해 나가야 합니다. 권력이 부패
하지 않도록 권력에 '방부제'를 바르고 '금고아(손오공의 머리띠)'를 씌워
부패가 뿌리내릴 수 없는 반부패 시스템을 갖추어야 합니다. (2013년 3월
26일 국무원 제1차 청렴정치공작회의에서의 리커창의 발언에서)

quán lì shì shuāng rèn jiàn
权力是双刃剑

권력은 양날의 검이다.

원문

权力是双刃剑，用得好可以为人民办事，用不好也会误民误事，甚至滋生腐败。政府不该管的事情管多了，就没有精力去管住管好自己该管的事。结果很可能是干了市场的事但弱化了政府的责，甚至是失了政府的责。

(2013年3月26日，李克强在国务院第一次廉政工作会议上的讲话)

번역

권력은 양날의 검입니다. 잘 사용하면 국민을 위해 일을 할 수 있지만, 잘못 사용하면 국민에게 해를 끼치고 일도 그르치며 심지어 부패를 초래하기도 합니다. 정부가 관여하지 말아야 할 일들을 많이 하면 정작 관여해야 할 일을 제대로 수행하지 못합니다. 결국 정부는 시장이 할 일을 대신하고 정부의 책임을 약화시키거나 심지어 그 책임을 다하지 못하게 됩니다. (2013년 3월 26일 국무원 제1차 청렴정치공작회의 시 리커창의 발언에서)

mén nán jìn   liǎn nán kàn   shì nán bàn
门难进、脸难看、事难办

정부 기관을 방문하기 어렵고 공무원을 만나기 어려우며

일을 처리하기 어렵다. (정부의 문턱이 높다.)

원문

这些年，一些单位包括有的领导机关，讲面子不讲规矩，讲关系不讲原则，遇到矛盾绕道走，问题摆着拖着长期得不到解决，门难进、脸难看、事难办，使一些规定变成了"稻草人"，摆在那里没有用，群众反应很大。(2013年7月12日，习近平在河北省主持召开座谈会时的讲话)

번역

최근 정부의 핵심 기관들을 포함한 일부 기관들이 체면이나 관계만 생각하고 규칙이나 원칙을 무시하고, 문제가 생겼을 때는 돌아가거나 그대로 방치하고 있습니다. 그 결과 '정부 기관을 방문하기 어렵고, 공무원을 만나기 어렵고, 일을 처리하기 어려운' 상황입니다. 어떤 규정들은 있으나마나 하여 많은 국민들이 불만을 제기하고 있습니다. (2013년 7월 12일, 허베이성 좌담회 시 시진핑 발언에서)

guó nèi jīng jì fā zhǎn zhōng de "liǎng nán" wèn tí zēng duō
国内经济发展中的 "两难" 问题增多

중국 경제를 발전시키는 과정에서 딜레마가 증가하고 있다.

원문

国内经济发展中的"两难"问题增多。应对这一局面，需要智慧和勇气，用新视角和新思路，正确认识发展大势，坚持稳中有进、稳中有为、稳中提质，把握好、运用好宏观政策，统筹施策，保持经济平稳运行。(2013年7月16日，李克强主持召开经济形势专家和企业负责人座谈会)

번역

중국 경제를 발전시키는 과정에서 '딜레마'가 증가하고 있습니다. 이에 대응하기 위해서는 지혜와 용기가 필요합니다. 새로운 시각과 사고로 발전의 큰 흐름을 정확하게 인식하여 안정을 유지하는 가운데, 경제 발전과 적극적 성과, 질적 제고를 이룰 수 있는 정책을 통해 적절한 거시 정책 운용이 이루어지도록 해야 합니다. 종합적인 계획하에 정책을 시행함으로써 경제가 안정적으로 운영될 수 있도록 해야 할 것입니다. (2013년 7월 16일, 리커창 주재 경제 전문가 및 기업가 좌담회에서)

dǎ pò　wéi chéng　　　　bō lí mén　　hé wú xíng de qiáng
打 破 "围城"、"玻璃门" 和无形的墙

우리 주변의 성벽과 유리문과 무형의 벽을 타파해야 한다.

원문

转变作风就是要打破"围城"、"玻璃门"和无形的墙，深入基层，深入群众，多接接地气很好。一枝一叶总关情。什么是作秀，什么是真正联系群众，老百姓一眼就看出来了。(2013年7月23日，习近平在主持召开湖北省领导干部座谈会时的讲话)

번역

당의 기풍을 바꾸기 위해서는 우리를 둘러싸고 있는 성벽, 유리문과 무형의 벽을 타파하고 기층과 대중에게 깊이 들어가서 대중과 하나가 되어야 합니다. 공직자와 국민은 서로 긴밀하게 연결되어 있습니다. 국민은 어느 것이 보여 주기 위한 것이고, 어느 것이 국민을 위한 것인지 한 눈에 알아볼 수 있습니다. (2013년 7월 23일, 후베이성 간부와의 좌담회 주재 시 시진핑의 발언에서)

lǜ shuǐ qīng shān jiù shì jīn shān yín shān

绿水青山就是金山银山

녹수청산이 바로 금산과 은산이다.

(경제발전을 위해서는 생태환경 보호도 해야 한다.)

원문

我们既要绿水青山，也要金山银山。宁要绿水青山，不要金山银山，而且绿水青山就是金山银山。我们绝不能以牺牲生态环境为代价换取经济的一时发展。(2013年9月7日，习近平在哈萨克斯坦纳扎尔巴耶夫大学发表演讲后回答学生提问时的讲话)

번역

우리는 생태환경도 보호해야 하고 경제발전도 해야 합니다. 그러나 경제발전보다는 오히려 생태환경 보호에 힘을 쏟아야 하며, 이 생태환경 보호가 바로 경제발전에도 도움이 됩니다. 생태환경을 희생하면서 그 대가로 경제발전을 추진해서는 안 될 것입니다. (2013년 9월 7일, 카자흐스탄 나자르바예프대학 강연 시 학생의 질문에 대한 시진핑의 답변에서)

※ '녹수청산(綠水靑山)'은 생태환경 보호의 의미로, '금산은산(金山銀山)'은 경제발전의 의미로 사용되었다. 이 말은 생태환경을 보호하

는 것이 경제발전에도 도움이 된다는 뜻으로 그동안 경제발전이 모든 가치에 앞서 있었지만 최근 생태환경 보호에 대한 중요성이 부각되면서 많이 사용되고 있다.

22

qiè shí jiě jué hǎo shì jiè guān rén shēng guān jià zhí guān zhè ge
切实解决好世界观、人生观、价值观这个
zǒng kāi guān wèn tí
"总开关" 问题。

세계관과 인생관, 가치관이라는
'핵심적 문제'를 적절히 해결하여야 한다.

원문

坚定理想信念，切实解决好世界观、人生观、价值观这个"总开关"问题。"总开关"问题没有解决好，这样那样的出轨越界、跑冒滴漏就在所难免。(2013年9月23日至25日，习近平全程参加并指导河北省常委班子专题民主生活会时的讲话)

번역

이상과 신념을 굳건히 하여 세계관과 인생관, 가치관이라는 '핵심적 문제'를 적절히 해결하여야 합니다. 이러한 '핵심적 문제'가 해결되지 못하면 여러 가지 규정 위반 및 권한 남용이나 세금의 낭비 현상을 막을 수

없습니다. (2013년 9월 23~25일, 허베이성 상무위원회 민주생활회 지도 방문 시 시진핑의 연설에서)

※ '总开关'은 메인스위치의 뜻으로 '핵심적 문제'를 비유하며 반부패 등과 관련하여 자주 사용되는 말이다. "'总开关'没拧紧, 不能正确 处理公私关系(핵심적 문제를 꽉 틀어쥐지 않으면 공과 사를 구별할 수 없 다)" 등으로 많이 쓰인다.

원문

有句话说得好，没有比人更高的山，没有比脚更长的路。再高的山、再长 的路，只要我们锲而不舍地前进，就有达到目的的那一天。(2013年10月7 日，习近平在亚太经合组织工商领导人峰会上的演讲)

번역

'사람보다 높은 산이 없고, 자기 발보다 더 먼 길이 없다'는 말이 있습니다. 아무리 높은 산, 아무리 먼 길이라고 하더라도 우리가 끝까지 전진하기만 한다면 그 목적지에 도달할 날이 있을 것입니다. (2013년 10월 7일, APEC CEO Summit에서의 시진핑의 연설에서)

※ 현대시인 왕궈전(汪國真)의 시 '山高路远'의 한 구절로, APEC CEO Summit에서 시진핑이 인용하였다.

24

fáng zhǐ chū xiàn   yì dà lì miàn wǎn   xiàn xiàng
防 止 出 现 "意 大 利 面 碗" 现 象

'스파게티볼 현상'의 출현을 막다.

원문

中国将致力于构建横跨太平洋两岸、惠及各方的地区合作框架。太平洋之所以广大，是因为它没有任何自然阻隔，我们不应该为它设定人为的阻隔。我们要发挥亚太经合组织引领和协调作用，秉持开放包容、互利共赢思想，加强宏观经济政策协调、促进区域自由贸易安排的协调，深化区域一体化进程，防止出现"意大利面碗"现象，推动在太平洋两岸构建更紧密伙伴关系，共谋亚太长远发展。(2013年10月7日，习近平在亚太经合组织工商领导人峰会上的演讲)

번역

중국은 태평양 양안에 걸쳐 모두가 혜택을 입는 지역 협력의 틀을 구축하기 위해 노력할 것입니다. 태평양이 넓은 것은 가로막혀 있는 장벽이 없기 때문입니다. 우리도 태평양에 인위적인 장벽을 쳐서는 안 될 것입니다. 우리는 APEC의 주도적인 조정자 역할을 통해 개방과 포용, 호혜상생의 정신에 따라 거시 경제 정책 협력을 강화하고 지역 FTA 관련 협력을 촉진하며, 지역 단일화를 추진하면서 '스파게티볼 현상'의 출현을 막아 긴밀한 파트너십 구축과 아태지역의 장기적인 발전을 함께 모색해야 할 것입니다. (2013년 10월 7일, APEC CEO Summit에서의 시진핑의 연설에서)

※ '스파게티볼 효과'는 1995년 미국 콜럼비아대학교 Bhagwati 교수가 사용한 말로, 여러 나라와 동시다발적으로 FTA를 맺게 되면 나라마다 다른 원산지 규정이나 통관절차, 표준 등을 확인하는 데 시간과 인력이 더 들어가기 때문에 당초 목표인 거래비용 절감 효과가 기대에 못 미친다는 점을 지적하면서 사용한 용어이다.

25

mǎ qián zú   dāng tóu pào
马前卒，当头炮

선봉, 선제 조치

원문

新一届政府成立以后，面临的国内外经济形势错综复杂，经济下行压力增大；财政收入增速下滑，中央财政一度出现负增长；货币增量也难以再扩大，因为池子里的水已经很多。在这种情况下，我们把政府职能转变和机构改革作为开门的第一件大事，紧紧抓住不放，既作为全面深化改革的"马前卒"，又作为宏观调控的"当头炮"。(2013年11月1日，李克强在地方政府职能转变和机构改革工作电视电话会议上的讲话)

번역

새 정부 출범 후 복잡한 국내외 경제상황으로 인해 경기 하강 압력이 확대되었으며, 재정수입의 빠른 감소로 중앙 재정이 한동안 마이너스 성장을 보이기도 했습니다. 시중에 통화량이 많아 통화량 확대 역시 더 이상은 어렵습니다. 이러한 상황에서 우리는 정부 기능 전환과 기구 개혁을 첫 번째 과제로 삼아 확고하게 추진하고 있습니다. 이를 전면적 개혁심화의 '선봉'이자 거시조절정책의 '선제 조치'로 삼고 적극 추진하고 있습니다. (2013년 11월 1일, 지방정부 직능전환과 기구개혁 사업에 대한 화상회의의 리커창의 발언에서)

> ※ 리커창은 행정 간소화 및 권한 이양을 전면적 개혁 심화의 '先手棋'이며, 정부 직능 전환의 '当头炮'라고 강조했다. 장기 용어 '当头炮'는 첫 수에 '포'를 움직여 적극적인 공격태세를 갖추는 것이며, '先手棋'는 상대방보다 먼저 중요한 자리에 두어 게임의 주도권을 잡는

것으로 모두 선제 조치의 의미를 가지고 있다.

26

xū huǎng yì qiāng

虚晃一枪

후퇴하기 위해 진격하는 척하다.

yǒu shuǐ fèn   gān huò

有水分，干货

과장된 것, 거품 / 진짜 알맹이

xiǎo suàn pán   xiǎo jiǔ jiǔ

小算盘，小九九

자기 이익만을 따지다. 자기 속셈만을 챙기다.

zǒu guò chǎng   biàn xì fǎ

走过场，变戏法

일을 형식적으로 대충 해치우다. 변칙적인 방법으로 일하다.

원문

如果上动下不动，头转身不转，政府职能转变和机构改革就可能变成"假改"，"虚晃一枪"。今年5月份以来，各地新一轮简政放权取得积极成效，但受地方和部门利益影响，也出现了一些"错放、空放、乱放"等现象。有的只下放复杂的、管理责任大的，"含金量"较高的仍然留在手中；有的放权有水分，动辄上百项，但"干货"不多。这里要强调的是，在改革过程中，各地要有全局观，大局观，不能打"小算盘"，"小九九"，更不允许"走过场"，"变戏法"，确保简政放权真正到位，见效。(2013年11月1日，李克强在地方政府职能转变和机构改革工作电视电话会议上的讲话)

번역

만약 상부만 움직이고 하부는 움직이지 않거나 혹은 머리만 돌리고 몸을 돌리지 않는다면, 정부의 직능전환과 기구개혁은 '가짜 개혁', '후퇴하기 위해 진격하는 척하는' 것이 될 것입니다. 올해 5월부터 전국 각지에서는 새로운 단계의 행정 간소화 및 권한 이양으로 긍정적인 성과를 얻었습니다. 그러나 지방정부나 부서 자체의 이해(利害)에 따라 일부는 권한 이양에서 '잘못된 이양, 형식적 이양, 무질서한 이양' 현상이 나타나고 있습니다. 일각에서는 복잡하고 관리 책임이 큰 분야의 권한만 하부에 이양하고 '실속 있는' 분야는 여전히 손에 쥐고 있습니다. 일부 당국의 권한 이양은 '거품'이 많아 툭하면 수백 가지 항목을 내놓지만, '알맹이'는 많지 않습니다. 여기에서 내가 강조하려는 것은 개혁과정에서 각 지역은 전체적이고 거시적인 마인드가 있어야 한다는 점입니다. '자기 이익만 따지고 자기 속셈만 챙겨서는' 안 될 것입니다. '일을 형식적으로 대충 해치우는 것'이나 '변칙적인 방법으로 처리해서는' 더욱 안 됩니다. 이로써 행정 간소화 및 권한 이양이 제대로 정착되고 효력이 나타날 수 있도록 합니다. (2013년 11월 1일, 지방정부 직능전환과 기구개혁 사업에 대한

27

yí fàng jiù luàn 　 yì guǎn jiù sǐ
一 放 就 乱 、一 管 就 死

풀어주면 혼란하고, 관여하면 침체되다.

원문

这次地方政府改革，要把市场监管重心下移，加强市县政府的市场监管职能和力量，建立横向到边、纵向到底的监管网络，逐步做到疏而不漏，防止再走入"一放就乱、一管就死"的怪圈。(2013年11月1日，李克强在地方政府职能转变和机构改革工作电视电话会议上的讲话)

번역

이번 지방정부 개혁에서는 시장에 대한 감독·관리의 무게중심을 아래로 옮겨 시·현 정부의 감독관리 직능과 역량을 강화해야 합니다. 수평적·수직적 감독관리 네트워크를 만들어 불법행위를 엄단함으로써 '풀어주면 혼란해지고, 개입하면 경제가 침체되던' 악순환을 벗어나야 할 것입니다. (2013년 11월 1일, 지방정부 직능전환과 기구개혁 사업에 대한 화상회의에서의 리커창의 발언에서)

diāfngzhèngfǔzhuājīngjì   búshìdāng   sī jī
地方政府抓经济，不是当“司机”，
búshìzhíjiēkāichēshànglù   érshìyàoguǎnhǎo   lùdēng
不是直接开车上路，而是要管好“路灯”
hé hónglǜdēng   dānghǎo jǐngchá
和“红绿灯”，当好“警察”。

지방정부는 경제를 관리할 때 '운전기사'가 되어 직접 자동차를
운전하고 길을 나서는 것이 아니라, '가로등'과 '신호등'을
잘 관리하면서 '경찰'의 역할을 제대로 수행해야 한다.

원문

地方政府抓经济，不是当“司机”，不是直接开车上路，而是要管好“路
灯”和“红绿灯”，当好“警察”。路灯，就是要为所有的企业照亮路，
对所有的企业一视同仁，不厚此薄彼；红绿灯，就是要讲规则，对所有的
企业也一视同仁。当好警察，加强监管，就是要对假冒伪劣，欺行霸市，
坑蒙拐骗以及侵犯知识产权等违法违规，扰乱市场的行为，特别是直接关
系人民群众生命健康的，像食品安全等，只要有违法违规的问题，就要严
厉打击，严肃查处。”(2013年11月1日，李克强在地方政府职能转变和机
构改革工作电视电话会议上的讲话)

번역

지방정부는 경제를 관리할 때 '운전기사'가 되어 직접 자동차를 운전하고

길을 나서는 것이 아니라, '가로등'과 '신호등'을 잘 관리하면서 '경찰'의 역할을 제대로 수행해야 합니다. '가로등'은 모든 기업을 위해 도로의 조명을 밝히는 것입니다. 모든 기업을 동등하고 차별 없이 대해야 합니다. '신호등'은 규칙입니다. 이것 역시 모든 기업을 동등하게 대해야 합니다. '경찰'의 역할을 제대로 수행하려면 가짜·모조품·불량품 제조, 동일 업종 탄압 및 시장 독점, 편취 행위, 지적 재산권 침해 행위 등에 대해 감독·관리를 강화해야 합니다. 특히 식품안전 영역과 같은 국민의 생명과 건강을 해칠 수 있는 불법행위에 대해서는 가차 없이 엄벌해야 합니다.

(2013년 11월 1일, 지방정부 직능전환과 기구개혁 사업에 대한 화상회의에서 리커창의 발언에서)

29

shàng miàn qiān tiáo xiàn   xià miàn yì gēn zhēn

上面千条线，下面一根针。

위에는 천 개의 실이 있고
아래에는 하나의 바늘이 있다.

원문

大家常说，"上面千条线，下面一根针"。县（市）和乡镇政府，还有城市市区政府及派出机构，直接和人民群众打交道，直接为人民群众服务。

(2013年11月1日，李克强在地方政府职能转变和机构改革工作电视电话会

议上的讲话)

사람들은 흔히 '위에는 천 개의 실이 있고 아래에는 하나의 바늘이 있다.' 고 말합니다. 현(시)과 향진정부, 도시의 시정부 및 각 기관의 지방 사무소는 직접 국민 대중과 상대하고 국민 대중을 위해 일해야 합니다. (2013년 11월 1일, 지방정부 직능전환과 기구개혁 사업에 대한 화상회의에서의 리커창의 발언에서)

30

zhōng guó rén de fàn wǎn rèn hé shí hou dōu yào duān zài zì jǐ shǒu shàng

中国人的饭碗任何时候都要端在自己手上

중국인의 밥그릇(식량 안보)은 우리 손에 있어야 한다.

원문

中国人的饭碗任何时候都要牢牢端在自己手上。我们的饭碗应该主要装中国粮。一个国家只有立足于粮食基本自给，才能掌握粮食安全主动权，进而才能掌控经济社会发展这个大局。(2013年12月23日至24日，习近平在中央农村工作会议上的讲话)

번역

중국인의 밥그릇은 언제든 우리 손에 들려 있어야 하며, 우리의 밥그릇에는 중국의 곡식이 담겨 있어야 합니다. 국가가 식량을 자급할 수 있어야 식량안보의 주도권을 잡을 수 있고 나아가 경제사회의 발전을 관리할 수 있습니다. (2013년 12월 23~24일, 중앙농촌공작회의에서의 시진핑이 식량안보를 강조하며 한 연설 중에서)

31

jì bú wàng zì fěi bó　　yě bú wàng zì zūn dà
既不妄自菲薄，也不妄自尊大。

지나치게 자신을 비하해서도 안 되고,

지나치게 잘난 척해서도 안 된다.

원문

我们要把党和人民90多年的实践及其经验，当作时刻不能忘、须臾不能丢的立身之本，既不妄自菲薄，也不妄自尊大，毫不动摇走党和人民在长期实践探索中开辟出来的正确道路。(2013年12月26日，习近平在纪念毛泽东同志诞辰120周年座谈会上的讲话)

번역

당과 인민의 90여 년의 실천과 경험을 잊지 말고 입신의 근간으로 삼아야 합니다. 우리는 스스로를 지나치게 비하해서도 안 되며 너무 과대평가해서도 안 될 것입니다. 당과 인민이 오랫동안 탐색하면서 개척해 온 정확한 길을 흔들림 없이 가야 합니다. (2013년 12월 26일, 마오쩌둥 탄생 120주년 기념 좌담회에서의 시진핑의 연설에서)

32

sǐ shuǐ yì tán bù xíng   àn liú xiōng yǒng yě bù xíng

死水一潭不行, 暗流汹涌也不行。

물이 고여 있기만 해서 썩는 것도 안 되지만
밑에 있던 물이 소용돌이로 바뀌는 것도 안 된다.

원문

要处理好活力和有序的关系, 社会发展需要充满活力, 但这种活力又必须是有序活动的。死水一潭不行, 暗流汹涌也不行。(2014年1月1日, 习近平在《人民日报》上发表署名文章《切实把思想统一到党的十八届三中全会精神上来》)

번역

(사회의) 활력과 질서의 관계를 잘 처리해야 합니다. 사회 발전을 위해 활력도 유지되어야 하지만 이러한 활기에는 질서도 필요합니다. 물이 고여만 있어서 썩어서도 안 되지만, 밑에 있던 물이 소용돌이로 바뀌어 흘

러넘치게 해서도 안 되는 것과 마찬가지입니다. (2014년 1월 1일, 인민일보에 실린 시진핑의 기고문 "당의 18기 3중전회 정신으로 사상을 철저히 통일해야 한다"에서)

※ 사회의 변화와 발전이 물론 필요하지만 급작스러운 혼란은 안 된다는 점을 강조하면서 변화보다는 질서 유지와 안정을 좀 더 강조하는 의미로 사용된다.

33

dàn gāo   bú duàn zuò dà le   tóng shí hái yào bǎ   dàn gāo   fēn hǎo
"蛋糕"不断做大了，同时还要把"蛋糕"分好。

파이를 키우는 것도 중요하지만,

동시에 파이를 공평하게 잘 나누는 것도 중요하다.

원문

"蛋糕"不断做大了，同时还要把"蛋糕"分好。我国社会历来有"不患寡而患不均"的观念。我们要在不断发展的基础上尽量把促进社会公平正义的事情做好，既尽力而为，又量力而行，努力使全体人民在学有所教，劳有所得，病有所医，老有所养，住有所居上持续取得新进展。(2014年1月1日，习近平在《人民日报》上发表署名文章《切实把思想统一到党的十八届三中全会精神上来》)

파이를 키우는 것도 중요하지만, 동시에 파이를 공평하게 잘 나누는 것
도 중요합니다. 중국 사회는 예로부터 "적게 나누는 것보다는 불공정하
게 나누는 것이 문제"라고 생각해 왔습니다. 지속적인 발전을 이루어 나
가면서, 이러한 기반 위에서 사회의 공평과 정의를 촉진할 수 있도록 최
선을 다해야 합니다. 동시에 상황과 역량에 맞는 사업 추진으로 전체 인
민이 모두 배움을 이어 나갈 수 있고, 일한 만큼 소득을 가져갈 수 있고,
몸이 아프면 치료를 받을 수 있고, 나이가 들면 보살핌을 받을 수 있고,
거주할 안식처를 확보할 수 있는 사회를 만들기 위해 지속적으로 노력해
나가야 할 것입니다. (2014년 1월 1일, 인민일보에 실린 시진핑의 기고문 "당
의 18기 3중전회 정신으로 사상을 철저히 통일해야 한다"에서)

34

shǐ jì lǜ zhēn zhèng chéng wéi dài diàn de gāo yā xiàn

使纪律真正成为带电的高压线

당의 기율이 진정으로 전기가 통하는 고압선처럼

실질적인 기능을 할 수 있도록 해야 한다.

원문

要切实执行组织纪律，不能搞特殊，有例外，各级党组织要敢抓敢管，使
纪律真正成为带电的高压线。(2014年1月14日，习近平在十八届中央纪委

三次全会上的讲话)

번역

조직의 기율을 철저하게 집행해야 합니다. 특별한 예외가 있어서는 안될 것입니다. 당의 각급 조직 모두 철저한 관리를 통해 당의 기율이 진정으로 전기가 통하는 고압선처럼 실질적인 기능을 할 수 있도록 해야 합니다. (2014년 1월 14일, 제18기 당중앙기율검사위원회 제3차 전체회의에서의 시진핑의 연설에서)

※ 엄격하게 적용되는 당의 기율을 말한다. 당의 기율은 고압선에 비유하며, 기율이 존재하지만 이 고압선에 전기가 흐르지 않는다면 규율의 효과가 없기 때문에 실제로 규율이 적용되어야 한다는 뜻에서 전기가 흐르는 고압선이 필요하다고 강조하고 있다.

35

zhuā zǎo zhuā xiǎo   yǒu bìng jiù yào mǎ shàng zhì
抓早抓小，有病就要马上治。

초기에 문제가 작을 때 해결을 해야 하며

병이 있다면 바로 치료해야 한다.

(문제를 키우면 안 된다.)

원문

反腐败高压态势必须继续保持，坚持以零容忍态度惩治腐败。对腐败分子，发现一个就要坚决查处一个。要抓早抓小，有病就要马上治，发现问题就及时处理，不能养痈遗患。(2014年1月14日，习近平在十八届中央纪委三次全会上的讲话)

번역

강력한 반부패 활동을 지속하여 절대로 용서는 없다는 태도로 부패에 엄정히 맞서야 합니다. 부패 인사들에 대해 어떤 문제 한 가지라도 발견되면 철저하게 그 문제를 조사해야 합니다. 문제가 작을 때 초기부터 철저히 조사해 어떤 병이든 바로 치료해야 합니다. 문제를 발견하면 바로 처리해야지 이를 미루어 종기가 곪아 터지게 해서는 안 될 것입니다. (2014년 1월 14일, 제18기 당중앙기율검사위원회 제3차 전체회의에서의 시진핑의 연설에서)

36

tí jí ér bù wěn
蹄疾而步稳

발걸음을 서두르더라도 확실히 다지면서 옮겨야 한다.

对改革进程中已经出现和可能出现的问题, 困难要一个一个克服, 问题要一个一个解决, 既敢于出招又善于应招, 做到"蹄疾而步稳". (2014年1月22日, 习近平在中央全面深化改革领导小组第一次会议上的讲话)

번역

개혁 과정에서 이미 나타났거나 나타날 수 있는 문제들에 대해 어려움을 하나씩 극복하면서 문제도 차근차근 해결해 가야 합니다. 과감한 대책도 필요하지만 적절한 대책을 잘 세우는 것도 중요합니다. 발걸음의 속도를 내더라도 한 걸음 한 걸음 안정적으로 내딛으면서 가야 하는 것입니다. (2014년 1월 22일, 중앙 전면심화개혁영도소조 1차 회의에서 시진핑의 연설에서)

37

shí gè zhǐ tóu tán gāng qín
十个指头弹钢琴

열 손가락으로 피아노를 치다.

원문

在中国当领导人, 必须在把情况搞清楚的基础上, 统筹兼顾、综合平衡、突出重点、带动全局, 有的时候要抓大放小、以大兼小, 有的时候又要以小带大、小中见大，形象地说，就是要十个指头弹钢琴。(2014年2月7日，习近平在俄罗斯索契接受俄罗斯电视台专访时的讲话)

번역

중국에서 지도자가 되려면 우선 정확한 상황 파악을 하고 그 기초 위에서 큰 틀을 고려하면서 균형 잡힌 시각으로 전체적인 변화를 이끌어 낼수 있어야 합니다. 어떤 경우에는 큰 것은 바로잡으면서도 작은 문제에서는 유연성을 발휘하거나 큰 문제를 처리하면서 작은 문제를 함께 해결하기도 하고, 또 어떤 경우에는 작은 문제를 통해 큰 문제를 해결하거나작은 문제를 통해 큰 문제를 발견하기도 하는 것입니다. 이는 마치 피아노를 칠 때 열 손가락을 모두 움직여야 하는 것과 같은 것입니다. (2014년 2월 7일, 러시아 소치에서 러시아 TV와의 인터뷰 시 시진핑의 발언)

> ※ 시진핑이 마오쩌둥의 비유를 인용하여 지도자로서 모든 부분을 다고려해야 함을 강조한 말이다. 마오쩌둥이 '당위원회의 공작 방법(黨委會的工作方法)'이라는 글에서 "피아노를 치려면 어떤 손가락은움직이고 어떤 손가락은 움직이지 않을 수는 없다. 열 손가락을 모두 눌러야 아름다운 곡을 연주할 수 있다(彈鋼琴要十個指頭都動作, 不能有的動, 有的不動)."고 하면서 당위원회의 일에서도 모든 부분을다 함께 고려하여 일을 해야 함을 강조한 바 있다.

yì biān gāo lóu lín   lì   yì biān péng hù lián piàn

一边高楼林立，一边棚户连片。

한쪽에는 고층건물이 즐비한데

다른 한쪽에는 판잣집이 가득하다.

원문

今后一个时期，着重解决好现有"三个1亿人"问题，促进约1亿农业转移人口落户城镇，改造约1亿人居住的城镇棚户区和城中村，引导约1亿人在中西部地区就近城镇化。要更大规模加快棚户区改造，决不能一边高楼林立，一边棚户连片。(2014年3月5日，十二届全国人大二次会议上做《政府工作报告》)

번역

앞으로 일정 시간 동안 세 가지 1억 명의 문제를 집중 해결해야 합니다. 도시로 유입될 약 1억 명의 농촌인구와 약 1억 명의 도시 판자촌 및 도시 내 슬럼가/빈민촌에 입주할 사람들의 문제, 그리고 중서부 지역에서 인근 도시로 편입될 1억 명의 새로운 도시민 문제입니다. 판자촌의 대대적인 개발에 속도를 내어 한쪽에는 고층건물이 즐비한데 다른 한쪽은 판잣집이 가득해지지 않도록 해야 할 것입니다. (2014년 3월 5일, 제12기 전인대 제2차회의 시 리커창의 〈정부공작보고〉 중에서)

bù néng bǎ jīn tiān de　　diàn jiǎo shí　　biàn chéng míng tiān de　　bàn jiǎo shí
不能把今天的"垫脚石"变成明天的"绊脚石"

오늘의 디딤돌이 내일의 걸림돌이 되어서는 안 된다.

원문

对于"影子银行"等金融风险，我们也正在加强监管，已经排出时间表，推进实施巴赛尔协议III规定的监管措施。我两会期间参加一个代表团的审议，有来自银行界的代表问我，是不是资本充足率的要求偏高了一些？我们还是发展中国家，但是我们只能这样做，不能把今天的"垫脚石"变成明天的"绊脚石"。(2014年3月13日，国务院总理李克强在人民大会堂三楼金色大厅与中外记者见面并回答记者提问)

번역

'그림자 은행(shadow bank)' 등 금융 리스크에 대해 관리·감독을 강화하고 있습니다. 이미 바젤III협약에서 규정한 관리·감독 조치를 시행하기 위한 계획을 세워 놓았습니다. 양회 기간 중 한 대표단의 심의회의에 참가했을 때 은행업에 종사하는 한 대표가 제게 자기자본비율 기준이 높은 것이 아니냐고 물었습니다. 중국은 아직 개발도상국이지만 이렇게 할 수밖에 없습니다. 오늘의 디딤돌이 내일의 걸림돌이 되어서는 안 되기 때문입니다. (2014년 3월 13일, 제12기 전인대 제2차 회의 기자회견 시 리커창의

답변 중에서)

líng róng rěn
零容忍

어떤 것도 용납하지 않음. (예외가 없음)

원문

中国党和政府反对腐败的意志和决心是一贯的。十八大以来，以习近平同志为总书记的党中央坚持有贪必反、有腐必惩，取得新成效，我们会坚持不懈地做下去。对于腐败分子和腐败行为，我们实行的是"零容忍"。中国是法治国家，不论是谁，不论职位高低，法律面前人人平等，只要是触犯了党纪国法，就要依法依纪严肃查处、惩治。(2014年3月13日，国务院总理李克强在人民大会堂三楼金色大厅与中外记者见面时回答记者提问)

번역

중국 공산당과 정부의 반부패에 대한 의지와 결심은 변함이 없습니다. 18기 당대회 이후 시진핑 동지를 총서기로 하는 당중앙은, '부패는 반드시 단속하고 부패가 있으면 반드시 처벌한다'는 원칙을 통해 새로운 성과들을 거두었으며 이를 앞으로도 추진해 나갈 것입니다. 부패분자와 부패행위에 대해서 우리는 그 어떤 것도 용납하지 않습니다. 법치국가인 중국에서는 직위 고하를 막론하고 그 누구라도 법 앞에서 만인이 평등합니다. 당의 기율과 국법을 어긴 자는 법과 기율에 따라 엄단할 것입니다.

(2014년 3월 13일, 제12기 전인대 제2차 회의 기자회견 시 리커창의 답변에서)

41

yù wàn nàn hái xū fàng dǎn   pò kùn jú yào yòng zhì huì
遇 万 难 还 须 放 胆 , 破 困 局 要 用 智 慧 。

어려움이 생겼을 때는 용기를 가지고 임해야 하며
어려운 상황을 타개하기 위해서는 지혜를 발휘해야 한다.

원문

要说去年最大的挑战，那还是经济下行压力加大的挑战。(중략) 国际上也出现了一些舆论，说中国经济可能要硬着陆，(중략) 怎么办? 遇万难还须放胆。当然破困局要用智慧，我们保持定力，创新宏观调控的思路和方式，明确了经济运行的合理区间，就是增长和就业不能越出下限，通胀不能突破上限，而且着力促改革、调结构，让市场发力。(2014年3月13日，李克强在人民大会堂三楼金色大厅与中外记者见面并回答记者提问)

번역

작년의 가장 큰 도전은 경기 하강 압력의 확대였습니다. (중략) 국제사회 일각에서는 중국 경제가 경착륙할 것이라는 여론이 있었습니다. (중략) 그럼 어떻게 해야 할까요? 어려울수록 대담함과 용기가 필요하고 어려운 상황을 타개하기 위해서는 지혜가 필요한 법입니다. 우리는 굳건한 신념을 가지고 거시 경제 조절의 생각과 방식을 혁신하여 경기 운용의 합리적 구간을 명확히 함으로써 성장률과 고용이 이 구간의 하한선을 넘어가지 않고 물가상승률은 상한선을 넘지 못하도록 하면서 동시에 개혁 촉진과 구조 조정을 통해 시장이 역할을 다할 수 있도록 하겠습니다.

(2014년 3월 13일, 제12기 전인대 제2차 회의 기자회견 시 리커창의 답변에서)

42

kāi le gōng   nǎ hái yǒu huí tóu jiàn
开了弓，哪还有回头箭？
시위를 떠난 화살이 다시 돌아오는 경우가 어디 있는가?

원문

开了弓，哪还有回头箭? 我们只能是一抓到底、一往无前。我们还要继续去啃硬骨头。(2014年3月13日，李克强在人民大会堂三楼金色大厅与中外记者见面并回答记者提问)

번역

활시위를 떠난 화살이 다시 제자리로 돌아오는 경우는 없습니다. 따라서 우리는 철저하게 끝까지 매진할 수밖에 없습니다. 우리는 계속 어려

운 과제를 완수하기 위해 전력을 다할 것입니다.(행정기구 간소화와 권한
이양을 위해 노력할 것). (2014년 3월 13일, 제12기 전인대 제2차 회의 폐막 기
자회견 시 리커창의 답변에서)

gàn yí cùn shèng guò shuō yì chǐ
干一寸胜过说一尺

많은 말을 하는 것보다 조금이라도 행동하는 것이 낫다.

원문

当然，我们也要推进公租房等保障房建设，并且实行公平分配，让新就业
的年轻人和长期进城务工的人员缓解住房困难。在这方面，我认为干一寸
胜过说一尺。对于合理的自住需求，也要有相应的政策支持，包括增加普
通商品房供应。(2014年3月13日，李克强在人民大会堂三楼金色大厅与中
外记者见面时回答记者提问)

번역

물론 공공임대주택 등 공공주택 건설 추진도 필요하지만, 새로 취업한
젊은이들과 도시로 이주해 오랫동안 일을 해 온 노동자들의 주택 문제
를 완화할 수 있도록 이를 공평하게 분배하는 것도 중요합니다. 이 문제
에 있어서 많은 말과 정책을 내놓는 것보다 실제로 조금이라도 행동을

해 나가는 것이 중요하다고 생각합니다. 합리적인 주택 수요에 대해서는 일반 주택 공급을 늘리는 등과 같은 관련 정책 지원이 있어야 합니다. (2014년 3월 13일, 제12기 전인대 제2차 회의 기자회견 시 리커창의 답변에서)

44

děng fēng pàn yǔ
等 风 盼 雨

바람이 불거나 비가 오기만을 기다리다.

(행동하지 않고 기다리다.)

원문

当然，雾霾的形成有复杂的原因，治理也是一个长期的过程。但是我们不能等风盼雨，还是要主动出击，希望全社会，政府、企业、社会成员，大家一起努力，持续不懈地奋斗，来打这场攻坚战。(2014年3月14日，国务院总理李克强在人民大会堂三楼金色大厅与中外记者见面时回答记者提问)

번역

물론 미세먼지 문제는 그 발생 원인이 복잡합니다. 따라서 이를 해결하기 위해서는 오랜 과정이 필요합니다. 그렇다고 그저 문제가 해결되기만을 기다릴 수는 없습니다. 적극적인 행동이 필요합니다. 사회 전체와 정부, 기업, 사회 구성원이 모두 함께 이 힘겨운 싸움에 지속적으로 동참해

나가기를 바랍니다. (2014년 3월 13일, 제12기 전인대 제2차 회의 기자회견 시 리커창의 답변에서)

45

jiǎn zhèng fàng quán
简 政 放 权

행정기구 간소화 및 권한이양

원문

① 简政放权是激发市场活力、调动社会创造力的利器，是减少权力寻租、铲除腐败的釜底抽薪之策。(2014年3月13日，国务院总理李克强在人民大会堂三楼金色大厅与中外记者见面并回答记者提问)

② 简政放权不是剪指甲，是割腕，忍痛也得下刀。(2015年3月15日，李克强在人民大会堂金色大厅与中外记者见面)

번역

① 행정기구 간소화 및 권한이양은 시장에 활력과 사회에 창조력을 불어넣는 유용한 방법입니다. 이를 통해 권력의 지대추구(rent-seeking) 현상 감소와 부패의 근원적 해결이 가능합니다. (2014년 3월 13일, 제12기 전인대 제2차 회의 폐막 기자회견 시 리커창의 답변)

② 행정기구 간소화 및 권한이양 과정은 손톱을 정리하듯이 그렇게 간단

한 문제가 아니라, 손목을 잘라내는 것과 같이 힘든 과정입니다. 고통이 심하겠지만 칼을 대지 않으면 안 됩니다. (2015년 3월 15일, 제12기 전인대 제2차 회의 폐막 기자회견 시 리커창의 답변에서)

dā biàn chē
搭便车

무임승차(Free Rider)

원문

关于你向我提的问题，首先，中国是不是最大的世界经济体。我在国外也经常听到这种说法，总是有被忽悠的感觉。因为按照国际权威统计，中国也就是世界第二大经济体。更重要的是，按人均GDP，我们是在世界80位以后。(중략) 如果按照世界银行的标准，中国还有近2亿贫困人口，中国是实实在在的发展中国家。中国把自己的事办好，保持合理的发展，本身就是对世界巨大的贡献。而且中国还在越来越多地承担应尽的国际责任和义务。要说中国搭便车，这么大的块头搭谁的便车？中国是和大家一起推车。(2015年3月15日，李克强在人民大会堂金色大厅与中外记者见面时回答记者提问)

번역

주신 질문과 관련해, 먼저 중국이 세계 최대의 경제주체인가 하는 문제
입니다. 외국에서도 이런 말을 자주 듣습니다만, 이는 좀 뭔가 잘못된 표
현인 것 같습니다. 권위 있는 국제 통계에 따르면 중국은 현재 세계 2위
의 경제대국입니다. 더 중요한 것은 1인당 GDP 기준으로 보면 중국은
세계 80위 수준입니다. (중략) 세계은행의 기준에 따르면 중국은 아직도
약 2억 명의 빈곤 인구가 있는, 실질적인 개발도상국입니다. 중국이 자
국의 일을 잘하고 합리적인 발전을 유지하는 것 자체가 세계에 대해 공
헌을 하는 것입니다. 중국은 국제적 책임과 의무를 점점 더 많이 담당하
고 있습니다. 중국이 무임승차하려고 한다 해도 이렇게 덩치가 큰 나라
가 누구의 차를 빌려 탈 수 있겠습니까? 중국은 여러분과 함께 그 차를
밀고 있는 것입니다. (2015년 3월 15일, 제12기 전인대 제2차 회의 폐막 기자
회견 시 리커창의 답변에서)

47

wú chù bú zài
无处不在
무소부재/ 어디서나

원문

书籍和阅读可以说是人类文明传承的主要载体，就我个人的经历来说，用闲暇时间来阅读是一种享受，也是拥有财富，可以说终身受益。我希望全民阅读能够形成一种氛围，无处不在。我们国家全民的阅读量能够逐年增加，这也是我们社会进步、文明程度提高的十分重要的标志。而且把阅读作为一种生活方式，把它与工作方式相结合，不仅会增加发展的创新力量，而且会增强社会的道德力量。(2015年3月15日，李克强在人民大会堂金色大厅与中外记者见面时回答记者提问)

번역

책과 독서는 인류가 문명을 계승하는 주된 방법입니다. 제 개인적으로는 시간이 있을 때 책을 읽는 것은 일종의 작은 사치(기쁨)입니다. 이는 부를 축적하는 것과 마찬가지로 평생 도움이 됩니다. 저는 전 국민이 독서하는 분위기가 생겼으면 좋겠습니다. 어디서든 말입니다. 중국 전체 국민의 독서량이 해마다 많아지게 되면 이는 우리 사회의 발전과 문명 고도화를 나타내는 중요한 지표가 될 것입니다. 독서는 또한 생활의 방식으로서 자신의 일과 결합되면 발전을 위한 혁신 역량을 강화시킬 수 있고 사회적으로 도덕적 힘도 함께 강화할 수 있기 때문입니다. (2015년 3월 15일, 제12기 전인대 제3차 회의 폐막 기자회견 시 리커창의 답변에서)

yuàn wèi xīn yè tài zuò guǎng gào

愿为新业态做广告

새로운 사업 모델에 대해서는 기꺼이 광고를 하고자 한다.

원문

在场的各位都有网购的经历, 我也不例外, 我网购过, 最近还买过几本书, 书名我就不便说了, 避免有做广告之嫌。但是我很愿意为网购、快递和带动的电子商务等新业态做广告。因为它极大地带动了就业, 创造了就业的岗位, 而且刺激了消费, 人们在网上消费往往热情比较高。(2015年3月15日, 李克强在人民大会堂金色大厅与中外记者见面时回答记者提问)

번역

여기 계신 여러분 모두 인터넷으로 물건을 사 보신 경험이 있을 것입니다. 저도 마찬가지입니다. 저도 인터넷 쇼핑을 해 보았습니다. 최근에는 인터넷으로 책 몇 권을 샀습니다. 책명은 여기서 밝히지 않겠습니다. 대신 광고한다는 오해가 있을 수 있으니까요. 하지만 인터넷 쇼핑이나 택배 그리고 전자상거래 등 새로운 사업 모델에 대해서는 기꺼이 광고를 하고자 합니다. 이러한 새로운 업종은 고용을 견인하고 일자리를 늘리며 소비를 촉진시키기 때문입니다. 인터넷에서의 소비에 대한 사람들의 열정도 높은 편입니다. (2015년 3월 15일, 제12기 전인대 제2차 회의 폐막 기자

회견 시 리커창의 답변에서)

zhōng guó zhèng fǔ gōng　jù xiāng lǐ　de gōng jù　hái bǐ　jiào duō
中国政府工具箱里的工具还比较多

중국의 정책 운용 수단(Tool Kit)이 많다.

원문

刚才你的提问当中实际上表现了一种担心，美国彭博社记者提问当中也问中国经济会不会继续放缓。我多次说过，在新常态下，我们会保持中国经济在合理区间运行。如果速度放缓影响了就业收入等，逼近合理区间的下限，我们会在稳定政策与稳定市场对中国长期预期的同时，加大定向调控的力度，来稳定市场的当前信心。我们这几年没有采取短期强刺激的政策，可以说运用政策的回旋余地还比较大，我们"工具箱"里的工具还比较多。(2015年3月15日，李克强在人民大会堂金色大厅与中外记者见面时回答记者提问)

번역

조금 전 질문 내용은 일종의 우려를 담고 있습니다. 미국 블룸버그 기자가 질문하실 때도 중국 경기가 지속적으로 둔화되지 않을까 하는 내용을 말씀하셨습니다. 이미 여러 번 말씀드렸지만, 신창타이(뉴노멀) 상황 속에서 중국 경제는 합리적인 구간에서 운용될 것입니다. 속도가 너무 둔화되어 고용과 소득 등에 영향을 준다거나 합리적 구간의 하한선에 근접한다면, 우리는 시장 안정화 정책을 통해 지표가 중국의 장기 예상치에 근접하도록 함과 동시에 선택적인 시장 통제 역량을 강화하여 시장의 신뢰를 안정시킬 것입니다. 최근에는 단기 부양 정책을 사용하지 않았기 때문에 정책 운용의 공간이 크고 우리가 운용 가능한 정책 수단도 많다고 할 수 있습니다. (2015년 3월 15일, 제12기 전인대 제3차 회의 폐막 기자회견 시 리커창의 답변에서)

50

jì yào móu shì   yòu yào zuò huó   zuò huó yǒu liǎng zhī yǎn

既要谋势 ， 又要做活 ， 做活有两只眼。

(바둑 용어) 세력을 도모하는 것도 중요하지만
내 돌을 살리는 것도 중요하다. 포위를 당했더라도
상대가 돌을 놓을 수 없는 두 곳(수)이 있으면 내 돌이 살 수 있다.

원문

当然，我并不否认，中国经济面临着下行的压力，有多重风险，关键在于新常态下要在稳增长和调结构中间找到平衡点，这就使我想起中国人发明的围棋，既要谋势，又要做活，做活有两只眼。形象地讲，稳增长和调结构就是两只眼，做活了就可以谋大势，当然这需要眼光、耐力和勇气。我相信，大家同心协力，有能力保持中国经济的大盘、基本面持续向好。
(2015年3月15日，李克强在人民大会堂金色大厅与中外记者见面时回答记者提问)

번역

물론, 중국 경제가 경기 하강 압력을 받고 있으며 많은 위험이 있음을 부인하지 않겠습니다. 핵심은 신창타이 하에서 안정적인 성장과 경제구조 조정 사이에서 균형점을 찾는 것입니다. 중국인이 발명한 바둑이 생각납니다. 바둑에서는 세력 도모도 중요하지만 내 돌도 살려야 하는데 내 돌이 살기 위해서는 상대방이 놓을 수 없는 수가 두 개 있어야 합니다. 안정적 성장과 경제구조 조정이 바로 그 두 가지입니다. 내 돌이 살아야 세력을 도모할 수 있습니다. 물론 이를 위해서는 판세를 읽는 안목이 필요하고 인내심과 용기가 필요합니다. 여러분께서 협력해 주신다면 중국은 경제라는 바둑의 판세와 기반을 건전하게 유지할 수 있는 능력을 갖추고 있다고 말씀드릴 수 있습니다. (2015년 3월 15일, 제12기 전인대 제3차 회의 폐막식 기자회견 시 리커창의 답변에서)

51

gāo shǒu zài mín jiān   pò jiǎn jiù kě yǐ chū cán
高手在民间，破茧就可以出蚕。

고치에서 누에가 나오는 것처럼 고수는 민간에 있다.

我到过许多咖啡屋、众创空间，看到那里年轻人有许多奇思妙想，他们研发的产品可以说能够带动市场的需求。真是高手在民间啊，破茧就可以出蚕。(2015年3月15日，李克强在人民大会堂金色大厅与中外记者见面时回答记者提问)

번역

제가 많은 카페와 창업 공간들을 방문해 보았고, 거기에서 젊은이들의 기발한 생각들을 보았습니다. 그들이 개발한 제품은 시장의 수요를 이끌 만한 것이었습니다. 진정한 전문가는 민간에 있습니다. 고치에서 누에가 나오는 것처럼 말입니다. (2015년 3월 15일, 제12기 전인대 제3차 회의 폐막 기자회견 시 리커창의 답변에서)

52

liǎng gè lún zi yì qǐ zhuàn

两个轮子一起转

두 개의 바퀴가 함께 굴러가야 한다.

원문

两岸是一家人，是骨肉同胞。坚持"一个中国"、"九二共识"、反对"台独"，维护两岸关系和平发展，就会给两岸经济合作创造基础，扩大空间。对推动两岸经济合作来说，需要两个轮子一起转。一个轮子就是要加强两岸经贸合作的制度化建设，比如说像ECFA后续协商。另一个轮子就是扩大相互开放。对大陆来说，尤其是要重视在大陆投资的台湾企业。(2015年3月15日，李克强在人民大会堂金色大厅与中外记者见面时回答记者提问)

번역

양안(타이완과 대륙)은 한 가족이며 골육이자 같은 동포입니다. 하나의 중국 원칙 견지와 '9.2 합의' 견지, 타이완 독립 반대, 양안 관계의 평화 발전 유지 등 원칙을 통해 양안의 경제 협력의 기반을 만들어 나가고 협력 공간을 확대해 나갈 수 있습니다. 양안 경제 협력 추진과 관련해서는 두 개의 바퀴가 함께 굴러가야 합니다. 한 바퀴는 양안 간 경제 협력의 제도화를 강화하는 것입니다. 예를 들어 ECFA 후속 협상 같은 것이 가능할 것입니다. 또 하나의 바퀴는 상호 개방 확대입니다. 대륙의 입장에서 특히 대륙에 투자한 타이완 기업을 중시해야 합니다. (2015년 3월 15일, 제12기 전인대 제3차 회의 폐막 기자회견 시 리커창의 답변에서)

53

zhōng měi guān xì de　　yā cāng shí　　huì gèng chén gèng wěn
中美关系的 "压舱石" 会更沉更稳

미 관계의 평형수가 있기 때문에
더욱 깊고 안정적으로 관계의 균형을 지켜 나갈 것이다.

원문

毋庸讳言，中美之间存有分歧，但更有广泛的共同利益。妥善处理分歧，可以着力扩大利益的交汇点。这里面有个很大的亮点，就是我们正在推进中美投资协定谈判，它是以准入前国民待遇和负面清单为基础的，这本身就是打破合作的天花板，开辟发展的新空间。当然，谈判会有个过程，但它向中美、向世界发出了明确的信号，就是中美经贸关系会更加密切，这个中美关系的"压舱石"会更沉更稳。(2015年3月15日，李克强在人民大会堂金色大厅与中外记者见面)

번역

말할 필요도 없이 중미 간에는 이견도 있습니다. 하지만 갈등보다는 더 많은 공동 이익을 공유하고 있기 때문에 이견들을 원만히 처리하면 이익의 공통분모를 적극 확대할 수 있습니다. 이와 관련하여 많은 희망을 볼 수 있습니다. 중미 간에는 투자보장협정 협상이 진행되고 있는데 이 협상은 투자 설립 전단계(Pre-Establishment)의 내국민 대우와 네거티브 리스트를 기반으로 하고 있습니다. 이는 협력의 천정을 깬 사례로 관계 발전의 새로운 가능성을 연 것이라고 하겠습니다. 물론 협상 타결을 위해서는 아직 많은 과정이 필요하겠지만 어쨌든 이는 중국과 미국, 나아가 세계에 명확한 신호를 보낸 것이라고 할 수 있습니다. 바로 중국과 미국의 경제 관계가 더욱 밀접해질 것이라는 점입니다. 이러한 중미 관계의 평형수가 있기 때문에 더욱 깊이 더욱 안정적으로 관계의 균형을 지켜나갈 것입니다. (2015년 3월 15일, 제12기 전인대 제3차 회의 폐막 기자회견

시 리커창의 답변에서)

※ 최근에는 균형자 혹은 균형을 잡아주는 사물의 의미인 평형수의 뜻
으로 '压舱石'가 많이 사용된다. 과거에 배의 균형을 잡기 위해 배의
바닥에 돌을 넣었던 데서 유래한 것이다. 2013년 6월 미국 오바마
대통령과 회담 시 시진핑이 사용한 바 있다.

54

bù néng xiàng kāi chē yí yàng　　sōng le shǒu shā
不能像开车一样，松了手刹，
hái cǎi zhe jiǎo shā　　míng fàng àn bú fàng
还踩着脚刹，明放暗不放。

운전할 때 핸드브레이크는 풀고 발로는 브레이크를

밟고 있는 것처럼 공식적으로는 완화했지만

실제적으로는 완전히 완화한 것은 아니다.

원문

今年政府要有新作为，重点要抓三个方面的工作：一是全面取消非行政许
可，不能法外施权。另外，还发现国家部门授权地方政府审批的事项1200
多项，今年要砍掉200多项，不能像开车一样，松了手刹，还踩着脚刹，
明放暗不放。二是要推进权力清单、责任清单，今年是在省一级公布，明
年推向市县一级，晾晒清单，让社会监督，也让老百姓明白，权力不能滥

用。三是要探索事中事后监管的新模式，包括扩大综合执法试点，对假冒伪劣、坑蒙拐骗、食品安全方面以及侵犯知识产权等行为要有有效的监管方式。(2015年3月15日，李克强在人民大会堂金色大厅与中外记者见面时回答记者提问时回答记者提问)

번역

중국 정부는 올해 새로운 조치들을 취할 것입니다. 세 가지 측면에 중점을 두고 있는데 이를 설명해 드리면, 우선 비행정(非行政) 허가방식을 일괄 철폐하여 법 이외의 규제를 막을 것입니다. 그리고 지방정부에서 심의를 허가하도록 중앙 부처가 권한을 이양한 1,200여 항목 가운데 올해 200여 개를 없앨 것입니다. 운전할 때 핸드브레이크는 풀어도 발로는 브레이크를 밟고 있을 수 있는데, 이와 같이 공식적으로만 완화하고 실질적으로는 계속 규제해서는 안 될 것입니다. 둘째, 권한별 리스트와 책임별 리스트를 올해 안에 성(省) 차원에서 공표하고 내년에는 시와 현 단위까지 리스트를 명확히 공개하여 사회로부터의 감시가 이루어지고 국민이 각 권한을 명확히 인지하도록 함으로써 권한이 남용되는 일이 없도록 할 것입니다. 셋째, 사업 시행 중 감독뿐만 아니라 사후에도 감독을 받는 새로운 모델을 채택할 것입니다. 종합적인 법 집행 시범 대상을 확대하여 위조품, 편취 행위, 식품 안전 문제, 지적재산권 침해 등 행위에 대해 효과적 감독 관리를 시행할 계획입니다. (2015년 3월 15일, 제12기 전인대 제3차 회의 폐막 기자회견 시 리커창의 답변에서)

wéi guān bù wéi
为官不为

관리로서의 행동을 하지 않는다.

(공무원의 복지부동 및 책임회피)

원문

门好进了、脸好看了，就是不办事，这是为官不为，必须严肃问责。(2015年3月15日，李克强在人民大会堂金色大厅与中外记者见面时回答记者提问)

번역

예전에 비해 국민의 공공기관에 대한 접근성도 좋아지고 공무원들의 태도도 친절해졌지만 일을 제대로 처리하지 않는다면 이 역시 아무 일도 안 하는 복지부동이라 할 수 있으므로 엄히 문책해야 합니다. (2015년 3월 15일, 제12기 전인대 제3차 회의 폐막 기자회견 시 리커창의 답변에서)

※ 리더나 간부가 자신이 할 일을 다 하지 않고 시비나 갈등이 생겼을 때 적극적으로 대처하지 않거나 잘못되면 책임을 지지 않으려는 태도를 말한다. 한국어의 복지부동, 책임회피 등과 유사하다.

yǒu fǔ bì fǎn　　yǒu tān bì chéng

有腐必反、有贪必惩

부패는 반드시 단속하며

횡령 및 부패로 인한 축재는 반드시 처벌한다.

(권력남용 행위와 복지부동)

원문

怎样解决官员不作为的问题? 李克强说, 十八大以来, 中共坚持有腐必反、有贪必惩, 一些所谓位高权重者被依法调查和处理, 成效明显, 也受到民众拥护。在这个过程当中, 既要惩治"乱作为", 也反对"不作为", 决不允许庸政懒政。(2015年3月15日, 李克强在人民大会堂金色大厅与中外记者见面时回答记者提问)

번역

제18기 공산당 대회 이후로 중국 공산당은 부패는 반드시 처단하며 부패 및 횡령에 대해서는 반드시 처벌해 왔습니다. 고위 권력자들을 법에 따라 조사하고 처벌함으로써 반부패 활동이 가시적인 성과를 얻었으며 국민으로부터도 지지를 받고 있습니다. 이 과정에서 잘못된 행위에 대한 처벌도 해야 하지만 동시에 무대응(복지부동) 역시 척결되어야 할 것입니다. 무능과 태만은 절대 허용되어서는 안 됩니다. (2015년 3월 15일, 제12

기 전인대 제3차 회의 폐막 기자회견 시 리커창의 답변에서)

※ 부정부패 엄단을 강조하며 리커창이 쓴 말로 이에 앞서 2013년 2월 시진핑이 당 기율위원회에서 '부패는 반드시 처단하고, 부패 및 횡령에 대해서는 반드시 척결한다(有腐必反 , 有貪必肅)'를 강조하면서 비슷한 표현이 널리 사용되고 있다.

제 2 장

고전편

01

睫在眼前犹不见

속눈썹은 눈앞에 있지만 오히려 보이지 않는다.

출전: 두목(杜牧), 「등지주구봉루기장호(登池州九峰樓寄張祜)」

원문

我这里特别要强调一下商品经济建设观念，不能搞"政治、经济"两张皮。各县的五套班子都要围绕经济建设来做好本部门的工作。要搞"经济大合唱"，党中央从十一届三中全会开始讲要把党的工作重点转移到经济建设上来，说了十年了，可我们许多同志一碰到具体问题便"睫在眼前犹不见"，顷刻主次颠倒。经济建设是我们的主旋律，从来没有不朝思暮想经济建设而能搞好经济建设的。不少同志反映乡镇非经济工作牵扯了乡镇干部的大部分精力。我认为必须迅速杜绝这类状况。(1992年7月，习近平

在《摆脱贫困·弱鸟如何先飞》中引用)

번역

여기에서 상품경제 건설과 관련하여 정치와 경제가 서로 따로 노는 상황이 있어서는 안 된다는 점을 강조하고 싶습니다. 각 현의 당위원회와 인민대표대회, 정부, 정치협상회의, 기율위원회가 모두 경제건설을 위한 각자 본연의 임무를 다해야 할 것입니다. 경제라는 대합창의 하모니를 이루어야 합니다. 당중앙이 11기 3중전회부터 당의 임무를 경제건설에 두기 시작하였다고 이미 10년 동안 말해 왔지만, 아직도 많은 동지들은 구체적인 문제에 부딪치면 '속눈썹이 눈앞에 있지만 오히려 보이지 않듯' 순식간에 주객이 전도되게 행동하곤 합니다. 경제건설은 우리의 핵심 기조로서 우리는 언제나 경제건설만 생각하고 경제건설을 잘할 수 있는 방안만 생각해 왔습니다. 그런데 많은 동지들이 지역의 비경제적인 업무로 에너지, 힘을 쏟고 있습니다. 이러한 상황을 신속히 바꾸어야 합니다. (1992년 7월, 시진핑, 『빈곤탈피: 약한 새가 어떻게 먼저 날아 오르는가─푸젠성 아홉 개 현의 조사 후 소감』에서)

lín dà shì ér bú luàn   lín lì hài zhī jì bù shī gù cháng

临大事而不乱，临利害之际不失故常。

큰일을 당해도 혼란스럽지 않고,

이해가 충돌하는 상황에 맞닥뜨려도 본래의 모습을 잃지 않는다.

출전: 소식(蘇軾), 『책략 제4 (策略四)』

원문

我想，"谋于前才可不惑于后"。作出决策之前，先听他个八面来风，兼听各种意见，深入了解所面临问题的本质，找出其规律，谋而后断；一旦作出决议，在解决问题过程没有结束之前，不作主体更改。"临大事而不乱"，"临利害之际不失故常"，青年干部要不为一时议论所动，不为一时扬抑所惑，不追赶时尚，不迎合潮流。随着你坚定信念和正确决策为更多的人所了解和理解，随着问题的逐步解决，各种议论自然会慢慢平息。平息的过程也是你获得承认的过程。(1992年，习近平在《摆脱贫困·从政杂谈》中引用)

번역

저는 '사전에 도모해야만 사후에 미혹되지 않을 수 있다'고 생각합니다. 정책 결정을 하기 전에 먼저 여러 정보와 의견들을 듣습니다. 이로써 직면한 문제의 본질을 깊이 이해하고 그 규칙을 찾아내 도모한 후 결단을 내립니다. 일단 결정을 하면 문제가 해결되는 과정이 끝나기 전에는 중요한 내용은 바꾸지 않습니다. '큰일을 당해도 혼란스럽지 않고', '이해가 충돌하는 상황에 맞닥뜨려도 본래의 모습을 잃지 않는' 것입니다. 청년 간부들도 순간의 의론에 흔들리지 않고 순간의 칭찬과 비난에 미혹되지 않아야 합니다. 유행을 쫓지 않고 시대에 영합하지 않아야 합니다. 굳건한 신념과 정확한 정책 결정으로 더 많은 사람들에게 이해받을 수 있고, 문제가 해결되어 감에 따라 각종 논란들도 잠잠해질 것입니다. 논란이 잦아드는 과정은 당신이 인정받는 과정이기도 합니다. (1992년/2014년, 시진핑『빈곤퇴치』등 문장에서)

03

shěn dà xiǎo ér tú zhī   zhuó huǎn jí ér bù zhī
审大小而图之 ， 酌缓急而布之 ；
lián shàng xià ér tōng zhī   héng nèi wài ér shī zhī
连上下而通之 ， 衡内外而施之 。

크고 작은 것을 조사하여 도모하고,

느리고 빠른 것을 짐작하여 배치하며,

위아래를 연결하여 통하게 하고,

안과 밖을 가늠하여 시행하게 한다.

출전: 풍몽룡(馮夢龍),『동주열국지 · 제26회(東周列國志 · 第二十六回)』

원문

如何提高工作效率，我认为必须学会运用辩证法，分清层次，认真思考。
"审大小而图之，酌缓急而布之，连上下而通之，衡内外而施之。"这就
是说，要发挥办公室的整体效能，权衡大事小事、急事缓事，抓大事不
放，抓急事先办；沟通上下左右，做到上情下达、内外有别，使各项工作
有条不紊地进行。(1992年7月，习近平在《摆脱贫困·从政杂谈》中引用)

번역

업무의 효율성은 어떻게 높일 수 있을까? 저는 변증법적인 방법을 배워
순서를 정리하고 열심히 사고해야 한다고 생각합니다. '크고 작은 것을
조사하여 도모하고, 완급을 고려하여 배치하며, 위아래를 연결하여 통
하게 하고, 안팎을 가늠하여 실시해야 한다'는 말이 있습니다. 즉 사무실
전체의 효율성을 높이려면 큰일과 작은 일, 급한 일과 그렇지 않은 일을
따져보아야 한다는 말입니다. 큰 문제들을 중심으로 급한 일들을 먼저
처리하고, 상하좌우 간에 소통이 이루어지도록 하여 위의 상황이 아래로
전달되고 안팎이 구분될 수 있게 함으로써 모든 일이 일사불란하게 진행
되도록 해야 합니다. (1992년 7월, 시진핑 『빈곤퇴치』에서)

chéng yù zhèng cháo tíng yǐ zhèng bǎi guān

诚欲正朝廷以正百官，

dāng yǐ jī zhuó yáng qīng wéi dì yī yào yì

当以激浊扬清为第一要义。

진실로 조정을 바로잡고 모든 관리들을 바로잡고자 한다면,

마땅히 흐린 물을 버리고 맑은 물을 끌어들이는 것이 가장 중요하다.

출전: 고염무(顧炎武), 『여공숙생서(與公肅甥書)』

원문

清代思想家顾炎武在《与公肃甥书》中说: "诚欲正朝廷以正百官, 当以激浊扬清为第一要义。" 这就是说, 要兴国安邦正百官, 要稳社固稷泽百姓, 就必须惩恶扬善, 扶正祛邪, 弘扬正气。文官不爱钱, 武官不惜命, 国家才有希望, 社稷才能稳固。(2007年8月,习近平在《之江新语·激浊扬清正字当头》中引用)

번역

청대의 사상가인 고염무(顧炎武)는 『여공숙생서(與公肅甥書)』에서 "진실로 조정을 바로잡고 모든 관리들을 바로잡고자 한다면, 마땅히 흐린 물을 버리고 맑은 물을 끌어들이는 것이 가장 중요하다"고 하였습니다. 나라를 일으켜 평안하게 다스리고 백관을 바로잡고 사직을 튼튼히 하여 백성에게 은택을 주고자 한다면, 악을 징계하고 선을 권하며 바른 기풍을

선양하여 문관이 돈을 쫓지 않고 무관이 생명을 아끼지 않아야 그 나라에 희망이 생기고 사직이 탄탄해질 수 있는 것입니다. (2007년 8월, 시진핑, 『지강신어』에서)

zhèng zhě   zhèng yě
政者 ， 正也。
qí shēn zhèng bú lìng ér xíng   qí shēn bú zhèng   suī lìng bù cóng
其身正，不令而行；其身不正，虽令不从。

정치란 바른 것이다.

자기 자신이 바르면 명령하지 않아도 행해지고,

자신이 바르지 못하면 비록 명령한다 하더라도 따르지 않는다.

출전: 『논어 · 안연(論語 · 顔淵)』

원문

人格魅力是领导干部人品、气质、能力的综合反映，也是党的干部所应具备的公正无私、以身作则、言行一致优良品质的外在表现。广大干部群众的眼睛是雪亮的，他们不但要看我们是怎么说的，更要看我们是怎么做的。"其身正，不令而从；其身不正，虽令不从"，讲的就是这个道理。有的领导干部之所以在广大干部群众中威信高、影响力大，其中一个重要方面就是自身模范作用好、人格魅力强。否则，"台上他说，台下说他"，说话办事怎么会有影响力和号召力？ (2007年8月,习近平在《之江新语》中引用)

번역

인격적인 매력은 지도간부의 인품, 기질, 능력을 종합적으로 반영한 것입니다. 이것은 당의 간부가 갖춰야 할 공정함, 솔선수범, 언행일치라는 훌륭한 자질의 외재적 표현이기도 합니다. 다수 기층간부들의 눈은 분명합니다. 그들은 우리가 어떻게 말하는지도 지켜보지만 우리가 어떻게 하는지를 더 지켜봅니다. '자신의 몸가짐을 바르게 하면 명령하지 않아도 사람들이 따르게 되지만, 몸가짐이 바르지 않으면 비록 명령을 해도 사람들은 따르지 않는다'는 옛말은 바로 이러한 이치를 말합니다. 기층간부들에게 신망이 높고 영향력이 큰일부 지도간부들은 인격적인 매력이 많기 때문에 존경을 받지만, 그렇지 않으면 '단상에서 간부가 연설하고 있더라도, 단 아래에서는 그 간부를 욕하는' 상황이 될 수밖에 없습니다. 그러면 간부의 말과 행동이 무슨 영향력과 호소력이 있겠습니까? (2007년 8월, 시진핑, 『지강신어』에서)

06

zhèng rú nóng gōng　　rì yè sī zhī
政如农功，日夜思之。
정치는 농사와 같으니, 밤낮으로 그것을 생각해야 한다.

출전: 좌구명(左丘明), 『좌전(左傳)』

원문

《左传》有云，"政如农功，日夜思之"。古人还说"爱人如己"。唯有善学善思，才能把为政如农功般精耕细作，日夜思之；把为民如爱己般殚精竭虑，日夜牵挂，干出无愧于时代、无愧于社会、无愧于人民的业绩。

(在2007年8月，习近平在《之江新语·为政者需要学与思》中引用)

번역

『좌전』에서 '정치는 농사와 같으니, 밤낮으로 그 방법을 생각해야 한다'고 했습니다. 또 옛말에 '다른 사람을 자신처럼 사랑하라'는 말도 있습니다. 오직 제대로 배우고 열심히 생각해야 농사하듯이 정성스럽게 정치를 하고 밤낮으로 그 방법을 생각하게 됩니다. 또한 자신을 사랑하듯 국민을 위해 전심전력하고 밤낮으로 걱정해야 시대와 사회, 국민에게 부끄럼이 없는 성과를 낼 수 있는 것입니다. (2007년 8월, 시진핑 『지강신어』에서)

07

wéi zhèng yǐ dé   pì rú běi chén   jū qí suǒ ér zhòng xīng gǒng zhī
为政以德，譬如北辰，居其所而众星拱之。

덕(德)으로써 정치 하는 것을 비유하자면,

북극성(北極星)이 제자리에 머물러 있는데

여러 별들이 그곳으로 향하는 것과 같다.

출전: 『논어 · 위정(論語 · 爲政)』

원문

我们国家历来讲究读书修身、从政以德。古人讲，"修其心、治其身，而后可以为政于天下"，"为政以德，譬如北辰，居其所而众星拱之"，"读书即是立德"，说的都是这个道理。传统文化中，读书、修身、立德，不仅是立身之本，更是从政之基。按照今天的说法，就是要不断加强党员领导干部的思想道德修养和党性修养，常修为政之德、常思贪欲之害、常怀律己之心，自觉做到为政以德、为政以廉、为政以民。(2007年8月，习近平在《之江新语》中引用)

번역

우리나라는 예로부터 독서로써 자신을 수양하고 덕으로써 정치하는 것을 중요시했습니다. '마음을 닦고 몸을 다스린 후 천하에 정치를 펼 수 있다'라거나 '덕으로 정치를 하는 것은 제자리에 머물러 있는 북극성으로 여러 별들이 향하는 것에 비유할 수 있다', '독서는 곧 덕을 세우는 것(입덕)이다'라고 한 옛말들이 모두 이러한 이치를 말해 줍니다. 전통문화에서 독서와 수신, 입덕은 몸을 바로 세우는 근본이며 정치의 기본입니다. 요즘 말로 하자면 지도간부의 사상도덕 수양과 당성 수양을 지속적으로 강화해야 하는 것입니다. 항상 정치적 도덕을 수양하고 탐욕의 폐해를 생각하며 자신을 단속하는 마음을 품으며 덕과 청렴함으로써 백성을 위한 정치를 해야 합니다. (2007년 8월, 시진핑, 『지강신어』에서)

xiū qí xīn zhì qí shēn   ér hòu kě yǐ wéi zhèng yú tiān xià

修其心治其身，而后可以为政于天下。

마음을 닦고 몸을 다스린 후 천하에 정치를 펼 수 있다.

출전: 왕안석(王安石), 『홍범전(洪範傳)』

원문

在中国古代的政治哲学中，人是一切的出发点，也是最终的目的，这是中国人本主义的政治观。所谓出发点，就是"修齐治平"的"修"字。在中国人看来，任何设计再精妙严密的政治体系，最终需落实到具体个人。因而，个体的修养水平是基础性的，能"修其心治其身"是为政者的基本素养，也是从政前的准备。现在，中央的用人观讲究德才兼备，以德为先，与古代的用人智慧一脉相承。(2007年8月, 习近平在《之江新语》中引用)

번역

중국 고대 정치철학에서 인간은 모든 것의 출발점이자 궁극적인 목적입니다. 이것이 중국의 인본주의 정치관입니다. 이른바 출발점은 곧 '수신제가치국평천하'의 '수신'입니다. 중국인들은 아무리 정교하고 엄밀하게 고안된 정치시스템이라도 결국에는 한 개인에 의해 구현된다고 보기 때문에 가장 기본적인 것은 개인의 수양 정도가 됩니다. '자신의 마음을 닦고 몸을 다스리는 것'은 위정자의 기본적 소양이자 정치를 하기 위한 준

비 작업입니다. 지금 재덕을 겸비하고 그 중에서 덕을 우선시하는 당 중
앙의 인사 방침은 고대 중국의 인재등용의 지혜와 일맥상통한다고 볼 수
있습니다. (2007년 8월, 시진핑, 『지강신어』에서)

jìng ér hòu néng ān   ān ér hòu néng lǜ   lǜ ér hòu néng dé
静而后能安，安而后能虑，虑而后能得。

고요한 뒤에야 편안할 수 있으며,

편안한 뒤에야 생각할 수 있고,

생각을 한 뒤에야 얻을 수 있다.

출전: 『예기 · 대학(禮記 · 大學)』

원문

"非淡泊无以明志，非宁静无以致远。"力戒浮躁，最根本的是要坚守做
人的操守和从政的道德，树立正确的世界观、人生观、价值观，树立正确
的权力观、地位观、利益观，正确对待名利地位，正确看待进退留转，淡
泊处世，静心思考，磨炼意志，砥砺志趣，耐得住寂寞，守得住清贫，
"静而后能安，安而后能虑，虑而后能得"。能够负重，方能担当重任。
力戒浮躁，还要大力倡导实干精神，大兴求真务实之风。(2007年8月，习
近平在《之江新语》中引用)

'욕심이 없고 마음이 깨끗하지 않으면 뜻을 밝힐 수가 없고, 마음이 고요하지 않으면 원대한 이상을 이룰 수 없다'고 합니다. 경박함을 힘써 경계해야 합니다. 가장 근본적인 것은 사람됨의 원칙과 정치적 도덕을 확고하게 지키는 것입니다. 정확한 세계관·인생관·가치관을 세우고, 권력·지위·이익에 대한 정확한 관점을 수립해야 하며, 명예·이익·지위와 승진·퇴직·유임·전직에 대해 올바른 태도와 생각을 가지고 있어야 합니다. 명예와 이익을 쫓지 않고 차분하게 생각하며, 뜻을 품고 연마하며, 외로움을 견뎌내고 청빈함을 지킬 수 있어야 합니다. '고요한 뒤에 편안할 수 있으며, 편안한 뒤에 생각할 수 있고, 생각한 뒤에 얻을 수 있다'고 했습니다. 무거움을 짊어질 수 있어야 막중한 임무를 감당할 수 있습니다. 경박함을 힘써 경계하며, 실천적 정신을 적극 선양하여 실사구시가 자리 잡도록 해야 합니다. (2007년 8월, 시진핑, 『지강신어』에서)

10

yǐ shí zé zhì　　yǐ wén zé bú zhì
以实则治，以文则不治。
실행하면 다스릴 수 있지만 글만으로는 다스릴 수 없다.

출전: 당견(唐甄), 『잠서·권실(潛書·權實)』

원문

"空谈误国，实干兴邦。"这是千百年来人们从历史经验教训中总结出来的治国理政的一个重要结论。古人曰："道虽迩，不行不至；事虽小，不为不成"，"为政贵在行，以实则治，以文则不治"。历史上有许多空谈误国的教训，比如战国时期的赵括，只会"纸上谈兵"，以致40万赵军全军覆没，赵国从此一蹶不振直至灭亡。此类误国之鉴，发人深省。(2011年3月，习近平在《关键在于落实》中引用)

번역

'탁상공론은 나라를 망치고 실제 행동은 나라를 일으킨다'는 말은 오랫동안 역사적 경험과 교훈에서 나온 치국의 중요한 결론입니다. 옛말에 "길이 가까워도 나아가지 않으면 이르지 못하며, 아무리 작은 일이라도 행하지 않으면 이룰 수 없다", "실행하면 다스릴 수 있지만 글만으로는 다스릴 수 없다"고 했습니다. 역사를 보면 탁상공론만 함으로써 나라를 망쳤던 사례들이 많습니다. 전국시대의 조괄은 '탁상공론'에만 능하여 결국 조나라 군사 40만이 모두 전멸하였고, 이후 조나라는 다시 일어나지 못하고 멸망했습니다. 이처럼 나라를 망친 사례들을 보며 깊이 음미해 볼 필요가 있습니다. (2011년 3월, 시진핑, 『실천이 핵심이다』에서)

wù bì xiān fǔ　ér hòu chóng shēng
物必先腐，而后虫生。

모든 사물은 먼저 썩은 뒤에 벌레가 생긴다.

출전: 소식(蘇軾), 『범증론(範增論)』

원문

"物必先腐，而后虫生。"近年来，一些国家因长期积累的矛盾导致民怨载道、社会动荡、政权垮台，其中贪污腐败就是一个很重要的原因。大量事实告诉我们，腐败问题越演越烈，最终必然会亡党亡国！我们要警醒啊！(2012年11月17日，习近平在十八届中央政治局第一次集体学习时的讲话)

번역

'모든 사물은 먼저 썩고 나서 벌레가 생기는 법'이라고 했습니다. 최근 일부 국가에서 오랫동안 쌓여 온 갈등으로 인해 국민의 불만이 폭발하여 사회 혼란과 정권 붕괴로까지 이어지기도 했습니다. 여기까지 가는 데는 여러 원인이 있겠지만 가장 큰 문제는 부정부패입니다. 수많은 사례들이 부정부패가 심해지면 당과 국가를 망치는 원인이 된다는 것을 보여줍니다. 우리는 정신을 차리고 깨어 있어야 합니다! (2012년 11월 17일, 제18기 당 중앙정치국 1차 집체학습 시 시진핑의 연설에서)

※ 이 구절은 어떤 문제가 발생하는 원인을 보면 외부적 요인이 영향을 주기 전에 이미 내부적으로 문제가 있었음을 강조하는 말로 사용되었다.

12

xióng guān màn dào zhēn rú tiě　　rén jiān zhèng dào shì cāng sāng
雄关漫道真如铁，人间正道是沧桑，
cháng fēng pò làng huì yǒu shí
长风破浪会有时。

험준한 누산관(娄山关)은 정말 강철과 같다.

인간 세상의 정도(正道)는 변화하는 것이다.

언젠가는 거센 바람을 타고 물결을 헤쳐 나올 때가 있다.

출전: 마오쩌둥(毛澤東)의 시 「억진아, 누산관(憶秦娥 · 娄山關)」과
「인민해방군의 난징 점령(人民解放軍占領南京)」,
이백(李白)의 시 『행로난(行路難)』

원문

中华民族的昨天，可以说是"雄关漫道真如铁"。中华民族的今天，正可谓"人间正道是沧桑"。中华民族的明天，可以说是"长风破浪会有时"。(2012年11月29日，习近平在参观"复兴之路"展览时的讲话)

중화민족의 어제를 '험준한 누산관(娄山关)은 정말 강철과 같다(雄關漫道真如鐵)'고 말한다면, 중화민족의 오늘은 '인간 세상의 바른 도리는 끊임없는 변화(人間正道是滄桑)'이며, 중화민족의 내일은 '언젠가는 거센 바람을 타고 물결을 헤쳐 나올 때가 있을 것(長風破浪會有時)'이라고 말할 수 있습니다. (2012년 11월 29일, "부흥의 길" 전시 참관 시 시진핑의 연설에서)

13

shàn jìn zhě   xiān jìn qí shēn ér hòu rén
善禁者 , 先禁其身而后人。

잘 금지하는 사람은 먼저 자신부터 금지하고

남에게 금지하게 한다.

(금령을 통해 사회를 잘 다스리는 자는 먼저 자신이 이러한 금령을

솔선하여 지킨 후 다른 사람에게 지키도록 요구한다.)

출전: 순열(荀悅), 『신감 · 정체(申鑒 · 政體)』

改进工作作风的任务非常繁重，中央八项规定是一个切入口和动员令。中央八项规定既不是最高标准，更不是最终目的，只是我们改进作风的第一步，是我们作为共产党人应该做到的基本要求。"善禁者，先禁其身而后人。"各级领导干部要以身作则、率先垂范，说到的就要做到，承诺的就要兑现，中央政治局同志从我本人做起。领导干部的一言一行、一举一动，群众都看在眼里、记在心上。干部心系群众、埋头苦干，群众就会赞许你、拥护你、追随你；干部不务实事、骄奢淫逸，群众就会痛恨你、反对你、疏远你。(2013年1月22日，习近平在十八届中央纪委第二次全体会议上的讲话)

번역

전반적인 기강을 바로잡는 것은 매우 힘든 과제입니다. 당 중앙의 8항 규정은 기강 쇄신의 시작이자 동원령입니다. 중앙 8항 규정은 최고의 표준도 아니고 최종 목적도 아니며 기강 쇄신을 위한 첫걸음으로 공산당원으로서 반드시 지켜야 할 가장 기본적인 기준일 뿐입니다. '금지령을 잘 쓰는 사람은 먼저 자신이 그 금지령을 솔선해서 지키고 다른 사람에게 이를 지키도록 한다'고 하였습니다. 각급 지도자들과 간부들은 솔선수범하여, 말한 것은 반드시 이행하고 약속한 것은 지키도록 중앙정치국의 동지들 자신부터 이행해야 합니다. 지도자와 간부들의 언행과 거동을 국민이 모두 지켜보고 이를 기억하고 있습니다. 간부들이 국민을 염두에 두고 묵묵히 일한다면 국민도 여러분을 인정하고 지켜주며 따를 것입니다. 간부들이 실질적인 일을 하지 않고 교만하고 사치하며 방탕하다면 국민의 원망과 반대를 사고 국민으로부터 멀어질 것입니다. (2013년 1월 22일, 제18기 중앙기율검사위원회 제2차 전체회의에서의 시진핑의 연설에서)

jiàn dé shī   zhī xīng tì

鉴得失、知兴替

타인을 자신의 거울로 삼아 자신의 득실을 알 수 있고,

역사를 거울로 삼아 역사적인 흥망성쇠를 알 수 있다.

출전: 『신당서 · 위정전(新唐書 · 魏征傳)』

원문

学史可以看成败、鉴得失、知兴替；学诗可以情飞扬、志高昂、人灵秀；

学伦理可以知廉耻、懂荣辱、辨是非。(2013年3月1日, 习近平在中央党校

建校80周年庆祝大会暨2013年春季学期开学典礼上的讲话)

번역

역사를 배우면 성패와 득실과 흥망성쇠를 알 수 있습니다. 시를 배우
면 격정적인 감정과 높은 뜻, 시상 등을 느끼게 됩니다. 또 윤리를 배우
면 염치를 알고 영욕의 이치를 알게 되고 시비를 분별할 수 있게 됩니다.
(2013년 3월 1일, 중앙당교 창립 80주년 기념대회 겸 2013년 춘계 학기 개학
식에서 시진핑의 연설에서)

　　※ 원문은 "以铜為鑒，可正衣冠；以古為鑒，可知興替；以人為鑒，可
　　明得失。"이다. 즉, "청동거울에 자신을 비추어 보면 의관을 바로 할

수 있고 역사에 비추어 보면 역사적 흥망성쇠의 흐름을 알 수 있으며 다른 사람을 거울로 삼으면 자신의 득과 실을 분명히 알 수 있다"라는 의미이다. 시진핑은 이 구절을 통해 간부들이 역사 문화와 문명의 정수를 배워 귀감으로 삼을 것을 강조하고 있다.

15

yǐ qí hūn hūn　shǐ rén zhāo zhāo
以其昏昏，使人昭昭。
자신의 어리석음으로 남을 밝게 만들고자 한다.

출전:『맹자 · 진심하(孟子 · 盡心下)』

원문

现在，有的干部学风不浓、玩风太盛。这样"以其昏昏，使人昭昭"是不行的！是要贻误工作、贻误大事的！(2013年3月1日，习近平在中央党校建校80周年庆祝大会暨2013年春季学期开学典礼上的讲话)

번역

요즘 어떤 간부들은 열심히 배우지 않고 너무 태만합니다. '자신의 어리석음으로 남을 밝게 만들고자 한다'의 태도는 자신의 업무도 망치고 큰일을 그르치게 합니다. (2013년 3월 1일, 중앙당교 창립 80주년 기념대회 겸 2013년 춘계 학기 개학식에서의 시진핑의 연설에서)

※ 잘 알지 못하는 비전문가가 전문가들을 이끌거나, 자신도 모르면서 다른 사람을 가르치려고 하는 것을 경계하는 말이다.

16

xū tán fèi wù

虚谈废务

쓸데없는 말을 하다 일을 망치게 되다.

출전: 『세설신어(世說新語)』

원문

战国赵括"纸上谈兵"、两晋学士"虚谈废务"的历史教训大家都要引以为鉴戒。读书是学习，使用也是学习，并且是更重要的学习。领导干部要发扬理论联系实际的马克思主义学风，带着问题学，拜人民为师，做到干中学、学中干，学以致用、用以促学、学用相长，千万不能夸夸其谈，陷于"客里空"。(2013年3月1日，习近平在中央党校建校80周年庆祝大会暨2013年春季学期开学典礼上的讲话)

번역

전국시대 조괄이 종이 위에서 군사 작전을 논의했던 것이나 진(晉)나라의 학사들이 쓸데없는 말을 하다 일을 망쳤던 역사적인 교훈을 모두 잊지 말아야 할 것입니다. 책을 읽는 것도 공부이지만 적용하는 것도 공부입니다. 오히려 훨씬 중요한 공부입니다. 지도자급 간부들은 이론과 실제를 연계한 마르크스주의 학풍을 적극 살리고 문제의식을 가지고 배우는 자세로 임해야 합니다. 국민을 스승으로 삼아 일하면서 배우고, 배우면서 일하여 배움을 실제에 적용하는 가운데 배움을 심화시켜 이론적인 것과 실용적인 것을 함께 발전시키고, 쓸데없이 사실을 부풀리거나 사실을 호도하는 지식인이 되어서는 안 될 것입니다. (2013년 3월 1일, 중앙당교 창립 80주년 기념대회 겸 2013년 춘계 학기 개학식에서의 시진핑의 연설에서)

※ 客里空: 구소련 소설에 나오는, 사실을 날조하여 보도하는 기자

17

bó xué zhī   shěn wèn zhī   shèn sī zhī   míng biàn zhī   dǔ xíng zhī
博学之 , 审问之 , 慎思之 , 明辨之 , 笃行之。

널리 배우고, 자세히 묻고,
깊이 생각하고 명확히 판단하고, 확실하게 이행하다.

출전:『중용(中庸)』

원문

要"博学之，审问之，慎思之，明辨之，笃行之"。学习要善于挤时间。经常听有的同志说自己想学习，但"工作太忙，没有时间学习"。听上去好像有些道理，但这绝不是放松学习的理由。中央强调要转变工作作风，能不能多一点学习、多一点思考，少一点无谓的应酬、少一点形式主义的东西，这也是转变工作作风的重要内容。(2013年3月1日，习近平在中央党校建校80周年庆祝大会暨2013年春季学期开学典礼上的讲话)

번역

우리는 널리 배우고, 자세히 묻고, 깊이 생각하고, 명확히 판단하고 확실하게 이행해야 합니다. 시간을 아껴서 틈틈이 배워야 합니다. 어떤 동지들은 배우고 싶지만 너무 바빠서 시간이 없다는 소리를 자주 합니다. 일리가 있어 보입니다만, 바쁘다는 것이 배움을 게을리하는 이유가 될 수는 없습니다. 당 중앙에서 업무 분위기를 바꾸라고 강조하고 있는데, 좀 더 학습하고 좀 더 깊이 사고하여 의미 없는 접대는 줄이고 형식적인 것들을 더 줄일 수는 없는지 살펴보아야 합니다. 업무 태도를 바꾸기 위해서는 이러한 내용들도 중요합니다. (2013년 3월1일, 중앙당교 창립 80주년 기념대회 겸 2013년 춘계 학기 개학식에서의 시진핑의 연설에서)

18

wèi bēi wèi gǎn wàng yōu guó
位卑未敢忘忧国

자리가 미천하지만 감히 나라의 근심을 잊은 적 없네.

출전: 육유(陸游), 『병기서회(病起書懷)』

원문

中国传统文化博大精深，学习和掌握其中的各种思想精华，对树立正确的世界观、人生观、价值观很有益处。古人所说的"先天下之忧而忧，后天下之乐而乐"的政治抱负，"位卑未敢忘忧国"、"苟利国家生死以，岂因祸福避趋之"的报国情怀，"富贵不能淫，贫贱不能移，威武不能屈"的浩然正气，"人生自古谁无死，留取丹心照汗青"、"鞠躬尽瘁，死而后已"的献身精神等，都体现了中华民族的优秀传统文化和民族精神，我们都应该继承和发扬。(2013年3月1日，习近平在中央党校建校80周年庆祝大会暨2013年春季学期开学典礼上的讲话)

번역

중국의 전통문화는 매우 심오하고 깊어서 중국 문화의 사상적 정수를 배우고 이해하는 것은 정확한 세계관과 인생관 및 가치관 수립에 큰 도움이 됩니다. 옛 선인들이 말한 '천하의 걱정을 먼저 걱정하고 그 다음에 천하의 즐거움을 즐거워한다(先天下之憂而憂, 後天下之樂而樂)'는 정치적 포부와, '자리가 미천하지만 감히 나라의 근심을 잊은 적 없네(位卑不敢忘憂國)', '국가에 이로운 일에는 생사를 걸 뿐 어찌 자신에게 해가 되거나 복이 된다고 하여 피하거나 따르겠는가(苟利國家生死以, 豈因禍福避趨之)'라고 한 보국의 기개, 그리고 '부귀가 마음을 방탕하게 만들지 못하며, 빈천이 절개를 변하게 만들지 못하며, 위세와 무력이 지조를 굽히게 하지 못한다(富貴不能淫, 貧賤不能移, 威武不能屈)'고 한 대장부의 호연지기, '예부터 인생에 죽지 않는 사람이 없으니 충성하는 마음으로 청사에 이름을 남긴다(人生自古誰無死, 留取丹心照汗青)' 혹은 '나라를 위해 죽을 때까지 몸과 마음을 바친다(鞠躬盡瘁, 死而後已)'는 헌신의 정신 등은 모두 중화민족의 우수한 전통과 문화, 민족정신을 보여주는 것으로 우리가 계승하고 발전시켜 나가야 할 것입니다. (2013년 3월 1일, 중앙당교 창립 80주년 기념대회 겸 2013년 춘계 학기 개학식에서의 시진핑의 연설에서)

※ '位卑未敢忘忧国' 뿐 아니라, 예문에 사용된 '천하의 걱정을 먼저 걱정하고 그 다음에 천하의 즐거움을 즐거워한다[先天下之憂而憂, 後天下之樂而樂, 범중엄(范仲淹)의 악양루기(岳陽樓記)]', '국가에 이로운 일에는 생사를 걸 뿐 어찌 자신에게 해가 되거나 복이 된다고 하여 피하거나 따르겠는가(苟利國家生死以, 豈因禍福避趨之, 임측서)', '나라를 위해 죽을 때까지 몸과 마음을 바친다(鞠躬尽瘁, 死而后已, 제갈량, 후출사표)' 등은 국가와 민족을 걱정하며 헌신함을 나타낼 때 자주 인용되는 표현이다. '부귀가 마음을 방탕하게 만들지 못하며, 빈천이 절개를 변하게 만들지 못하며, 위세와 무력이 지조를 굽히게 하지 못한다(富貴不能淫, 貧賤不能移, 威武不能屈, 맹자)'는 대장부의 호연지기와 기개를 나타낸다.

wú dào yī yǐ guàn zhī

吾道一以贯之

나의 도는 하나로 모든 것을 꿴다. 처음과 끝이 같은 것이다.

출전:『논어 · 이인(論語 · 里仁)』

원문

当然，我们现在推进全面深化改革，实现目标要有个过程，古人说"吾道一以贯之"，只要我们锲而不舍，假以时日，必有成效。(2014年3月13日，国务院总理李克强在人民大会堂三楼金色大厅与中外记者见面并回答记者提问)

번역

물론 개혁의 전면적 심화라는 목표를 실현하기 위해서는 일정한 과정을 거쳐야 합니다. 옛 선인이 '나의 도는 하나로 모든 것을 꿴다'라고 한 것처럼, 중도에 포기하지 않고 계속 노력해 나간다면 반드시 성과가 있을 것이라고 믿습니다. (2014년 3월 13일, 제12기 전인대 제2차 회의 외신기자 회견 시 리커창의 답변에서)

※『논어』원문은 다음과 같다. 공자가 가로되, "증삼아, 나의 도는 일이관지한 것이다." 증자가 대답하여 가로되, "네, 알겠습니다." 공자

가 나가시자 문하생들이 물었다. "무슨 뜻입니까?" 증자가 대답하여 가로되, "무릇 선생님의 도의 핵심은 최선을 다해 진실하게 대하고(忠) 다른 사람을 너그럽게 포용하는 것(恕)이다."(子曰："參乎! 吾道一以貫之" 曾子曰："唯。" 子出, 門人問曰："何謂也?" 曾子曰"夫子之道, 忠恕而已矣。)

20

zhì zhě qiú tóng　　yú zhě qiú yì
智者求同 , 愚者求异。
지혜로운 자는 같음을 추구하고 어리석은 자는 다름을 추구한다.

출전:『황제내경 · 소문 · 음양응향대논편(黃帝內經 · 素問 · 陰陽應象大論篇)』

원문

所谓智者求同, 愚者求异。变是向有利于中美双方、有利于两国关系稳定的方向去走, 还是要择宽处行, 谋长久之利。(2014年3月13日, 李克强在人民大会堂三楼金色大厅与中外记者见面并回答记者提问)

번역

지혜로운 자는 같음을 추구하고 어리석은 자는 다름을 추구한다고 하였습니다. 중미 양국에 도움이 되고 양국 관계 안정에 도움이 되는 방향으로 가되, 보다 넓은 범위를 택하여 장기적인 이익을 모색해야 할 것입니

다. (2014년 3월 13일, 제12기 전인대 제2차 회의 기자회견 시 리커창의 답변
에서)

※『황제내경』의 원문은 '지혜로운 자는 같은 것을 찾고 어리석은 자는
다른 것만 찾아낸다(智者察同 , 愚者察異)'이다.

21

jǐ suǒ bú yù　　wù shī yú rén

己所不欲 , 勿施於人 。

자기가 하기 싫은 일은 남에게 시키지 말라.

출전:『논어 · 위령공(論語 · 衛靈公)』

원문

中国有13亿多人口，实现现代化还有很长的路要走，需要持久的国际和
平环境。即使中国发展强大起来，我们也不会称霸，因为中国在近现代历
史的惨痛遭遇中有深刻感受，己所不欲，勿施于人，这是中国人的信条。
(2013年3月17日，李克强在十二届全国人大一次会议上回答中外记者提问)

번역

13억이 넘는 인구를 가진 중국이 현대화를 이룩하려면 아직 갈 길이 멉
니다. 이를 위해 국제적으로도 평화가 지속되어야 합니다. 그리고 설령

중국이 발전하여 강성해지더라도 패권국이 되지는 않을 것입니다. 중국은 근현대사의 뼈아픈 경험을 통해 깊이 느낀 바가 있기 때문입니다. 이것은 '자기가 하기 싫은 일은 남에게 시키지 말라'는 중국인의 신조이기도 합니다. (2013년 3월 17일, 제12기 전인대 제1차 회의 기자회견 시 리커창의 답변에서)

22

xíng dà dào、　mín wéi běn、　lì tiān xià
行大道、民为本、利天下。

대도(大道)를 행하고 백성을 근본으로 삼으며,

천하를 이롭게 하다.

출전: 『예기 · 예운(禮記 · 禮運)』,
『상서 · 오자지가(尚書 · 伍子之歌)』, 『맹자 · 진심상(孟子 · 盡心上)』

원문

在我个人的经历，在读书、做事、文化熏陶当中，悟出一个道理，就是行大道、民为本、利天下。这九个字不是什么典籍的原话，是我的心得。我坚信做人要正、办事要公，才能利国利民。(2013年3月17日，李克强在十二届全国人大一次会议上回答中外记者提问)

번역

저는 제 경험 속에서, 독서나 제가 일하는 과정이나 문화적 영향 속에서 한 가지 깨달은 이치가 있습니다. 그것은 '큰 도를 행하고 백성을 근본으로 삼으며, 천하를 이롭게 해야 한다'는 이치입니다. 이 말은 고전에서 인용한 것이지만 그보다는 제가 직접 깊이 느낀 내용이기도 합니다. 바르게 살고, 공(公)을 위해 일해야 비로소 나라와 백성을 이롭게 할 수 있다는 사실을 저는 굳게 믿습니다. (2013년 3월 17일, 제12기 전인대 제1차 회의 기자회견 시 리커창의 답변에서)

※ 고전의 원문은『예기 · 예운』의 "큰 도가 행해지자 천하가 공평하게 되어 어질고 유능한 사람을 발탁하여 신의를 가르치고 화목하게 한다(大道之行也 , 天下為公 , 選賢與能 , 講信修睦).",『상서 · 오자지가』의 "백성은 오직 나라의 근본이니 근본이 튼튼해야 나라가 편안하다(民惟邦本 , 本固邦寧).",『맹자 · 진심 상』의 "묵자는 겸애설을 주장하여 머리 꼭대기부터 발꿈치까지 털이 다 닳아 없어지더라도 천하를 이롭게 하는 일이라면 감행한다(墨子兼愛 , 摩頂放踵 , 利天下為之)."이다.

jǐ zhèng   cái néng zhèng rén
己正，才能正人。

자신을 바르게 해야 다른 사람을 바르게 할 수 있다.

출전: 『논어 · 자로(論語 · 子路)』

원문

为政清廉应该先从自己做起，己正，才能正人，这是古训，也是真理。自古有所谓"为官发财，应当两道"。既然担任了公职，为公众服务，就要断掉发财的念想。我们愿意接受全社会、接受媒体的监督。(2013年3月17日，李克强在十二届全国人大一次会议上回答中外记者提问)

번역

청렴한 정치는 자신부터 솔선수범해야 합니다. 자신을 바르게 해야 다른 사람을 바르게 할 수 있습니다. 이것은 선인들의 교훈이자 진리입니다. 예로부터 '벼슬을 하는 것과 부자가 되는 것은 두 갈래의 다른 길이어야 한다'고 했듯이 공직을 맡았으면 공익을 위해 일해야 하기 때문에 부자가 될 생각을 애초부터 끊어 버려야 합니다. 우리는 기꺼이 전체 사회와 언론매체의 감독을 받을 것입니다. (2013년 3월 17일, 제12기 전인대 제1차 회의 기자회견 시 리커창의 답변에서)

※ 논어 원문은 "진실로 자신을 바르게 하면 정치를 하는 데에 무슨 어

려움이 있겠으며, 자신을 바르게 할 수 없다면 남을 어떻게 바르게 할 수 있겠는가?(苟正其身矣, 於從政乎何有? 不能正其身, 如正人何?)"이다.

24

zhì dà guó rú pēng xiǎo xiān

治大国如烹小鲜

큰 나라를 다스리는 일은
작은 생선을 요리하는 것처럼 해야 한다.

출전: 『도덕경(道德經)』

원문

这样一个大国, 这样多的人民, 这么复杂的国情, 领导者要深入了解国情, 了解人民所思所盼, 要有"如履薄冰, 如临深渊"的自觉, 要有"治大国如烹小鲜"的态度, 丝毫不敢懈怠, 丝毫不敢马虎, 必须夙夜在公、勤勉工作。(2013年3月19日, 习近平在接受金砖国家媒体联合采访时的讲话)

번역

우리처럼 나라도 크고 국민도 많고 국가 상황도 복잡한 나라에서는 지도자가 국가 상황을 깊이 있게 이해하고 국민이 바라는 것을 잘 알아서,

'얼음 위를 걷거나 깊은 연못가에 있는 것과 같은' 위험에 대한 자각이 필요하며 '대국을 다스릴 때는 작은 생선을 요리할 때처럼 조심해서 적절하게 다루는(治大國如烹小鮮)' 신중함이 필요합니다. 조금이라도 태만하거나 대충해서는 안 되며, 낮이나 밤이나 공무에 정진하면서 업무에 성실하게 임해야 합니다. (2013년 3월 19일, 브릭스 국가 언론 공동 인터뷰 시 시진핑의 발언에서)

※ 이윤(伊尹)이 성군으로 알려진 탕왕(湯王)에게 한 말이라고 한다. '小鮮'을 '작은 생선' 혹은 '요리'라고 해석할 수 있다. 생선 요리이든 일반적인 요리이든 간이나 불이 너무 세거나 약해서는 안 되며 적당하게 조절해야 맛있는 요리를 할 수 있듯이 나라를 다스리는 것도 이와 같이 조심해서 적절히 해야 한다는 의미로 볼 수 있다.

25

zǎi xiàng bì qǐ yú zhōu bù   měng jiàng bì fā yú zú wǔ
宰相必起于州部 ， 猛将必发于卒伍。

재상은 반드시 주, 부(지방)에서 나오고,
용맹한 장수는 반드시 일반 병사 중에서 나온다.

출전: 『한비자 · 현학(韓非子 · 顯學)』

원문

中国有句古话，"宰相必起于州部，猛将必发于卒伍。"我们现在的干部遴选机制也是一级一级的，比如，我在农村干过，担任过大队党支部书记，在县、市、中央都工作过。干部有了丰富的基层经历，就能更好树立群众观点，知道国情，知道人民需要什么，在实践中不断积累各方面经验和专业知识，增强工作能力和才干。这是做好工作的基本条件。(2013年3月19日，习近平在接受金砖国家媒体联合采访时的讲话)

번역

중국에서는 옛말에 "재상은 반드시 지방에서 나오고 용맹한 장수는 반드시 일반 병사 중에서 나온다"는 말이 있습니다. 지금 현재 간부 선발 시스템은 아래부터 한 단계 한 단계를 거치며 선발되도록 하고 있습니다. 저도 농촌에서 일을 했었고, 대대(大隊)당 지부 서기를 맡은 다음 현과 시를 거쳐 중앙에 이르기까지 모두 일한 경험이 있습니다. 기층에서의 풍부한 경험이 있는 간부만이 대중에 대한 올바른 이해와 국가의 상황이나 국민의 필요가 어디 있는지를 이해할 수 있습니다. 이러한 실천의 과정을 통해 각 분야의 경험과 전문 지식을 축적하면서 업무 능력과 기술을 쌓을 수 있는 것입니다. 이것이 일을 잘하기 위한 기본 조건입니다. (2013년 3월 19일, 브릭스 국가 언론 공동 인터뷰 시 시진핑의 발언에서)

míng zhě yīn shí ér biàn   zhī zhě suí shì ér zhì
明者因时而变 ，知者随事而制。

현명한 자는 때에 따라 변화하며,

지혜로운 자는 일에 따라 조절한다.

출전: 환관(桓寬), 『염철론 · 우변 제12(鹽鐵論 · 憂邊第十二)』

원문

长期以来，各国各地区在保持稳定、促进发展方面形成了很多好经验好做法。对这些好经验好做法，要继续发扬光大。同时，世间万物，变动不居。"明者因时而变，知者随事而制。"要摒弃不合时宜的旧观念，冲破制约发展的旧框框，让各种发展活力充分迸发出来。要加大转变经济发展方式、调整经济结构力度，更加注重发展质量，更加注重改善民生。要稳步推进国际经济金融体系改革，完善全球治理机制，为世界经济健康稳定增长提供保障。(2013年4月7日，习近平在2013博鳌论坛的主旨演讲)

번역

오랫동안 각국은 안정 유지와 개발 촉진에 있어서 많은 경험과 노하우를 쌓아 왔습니다. 이러한 좋은 경험과 노하우는 계속 발전시켜 나가야 합니다. 하지만 동시에 세상의 모든 만물은 끊임없이 변화하기 때문에 "현명한 자는 때에 따라 변화하며 지혜로운 자는 일에 따라 조절한다"는 말처럼, 시대에 맞지 않는 낡은 생각들을 버리고 발전을 제약하는 낡은 틀에 맞서서 발전의 활력이 충분히 발휘될 수 있도록 해야 할 것입니다. 경제발전 방식 전환을 확대하고 경제구조 조정의 강도를 조절하며 발전의 질과 민생 개선에 더욱 힘을 쏟아야 합니다. 국제 경제 금융 체계 개혁을 착실히 추진하여 글로벌 거버넌스 시스템을 개선함으로써 세계 경제의 건전하고 안정적인 성장을 보장해야 합니다. (2013년 4월 7일, 2013 아시아 보아오포럼에서의 시진핑의 기조연설에서)

27

cóng shàn rú dēng cóng è rú bēng

从善如登，从恶如崩。

선을 따르는 것은 산을 오르는 것처럼 힘들고

악을 따르게 되면 산이 무너지듯 빠르게 무너져 내리게 된다.

출전: 좌구명(左丘明), 『국어 · 주어하(國語 · 周語下)』

원문

广大青年要把正确的道德认知、自觉的道德养成、积极的道德实践紧密结合起来，自觉树立和践行社会主义核心价值观，带头倡导良好社会风气。要加强思想道德修养，自觉弘扬爱国主义、集体主义、社会主义思想，积极倡导社会公德、职业道德、家庭美德。要牢记"从善如登，从恶如崩"的道理，始终保持积极的人生态度、良好的道德品质、健康的生活情趣。(在2013年5月4日，习近平在同各界优秀青年代表座谈时的讲话)

청년들은 정확한 도덕적 인식을 가지고 주도적으로 도덕을 수양하고 적극적으로 도덕을 실천해야 합니다. 사회주의 핵심가치관을 스스로 수립하고 실천하며 훌륭한 사회 풍조를 만들기 위해 앞장서야 합니다. 사상적 도덕 수양을 강화하고 스스로 애국심과 집단주의, 사회주의 사조를 널리 알리고 사회적 공덕과 직업정신, 가정에서의 미덕을 적극 선양하도록 해야 합니다. "선을 따르는 것은 산을 올라가는 것과 같이 힘들고, 악을 따르는 것은 산이 무너지듯이 빠르게 무너진다"는 이치를 명심하고 항상 적극적인 삶의 태도와 훌륭한 도덕품성, 건강한 생활의 취향을 유지하도록 해야 합니다. (2013년 5월 4일, 각계 우수 청년대표와 시진핑의 좌담회 연설에서)

28

xíng bǎi lǐ zhě bàn jiǔ shí
行百里者半九十

백 리를 가는 사람은 구십 리를 반으로 잡는다.

출전: 유향(劉向), 『전국책 · 진책오 · 위진왕(戰國策 · 秦策五 · 謂秦王)』

원문

行百里者半九十。距离实现中华民族伟大复兴的目标越近，我们越不能懈怠，越要加倍努力，越要动员广大青年为之奋斗。(2013年5月4日，习近平

在同各界优秀青年代表座谈时的讲话)

번역

'백 리를 가는 사람은 구십 리를 반으로 잡는다'고 하였습니다. 중화민족의 위대한 부흥이라는 목표에 가까워 올수록 태만하지 않고 더욱 노력하고, 많은 청년들이 이 목표를 위해 힘쓰도록 해야 할 것입니다. (2013년 5월 4일, 각계 우수 청년대표와 시진핑의 좌담회 연설에서)

> ※ 『전국책』에서 유래한 표현으로 '일은 끝으로 갈수록 더욱 어려워진다' 혹은 '유시유종을 위해 더욱 분발해야 한다'는 의미로 널리 사용되는 속담이다.

29

xué rú gōng nǔ　　cái rú jiàn zú
学如弓弩 , 才如箭镞。
학문의 기초는 화살과 같고, 사람의 재능은 화살촉과 같다.

출전: 원매(袁枚), 『속시품 · 상식(續詩品 · 尚識)』

원문

广大青年一定要练就过硬本领。学习是成长进步的阶梯，实践是提高本领的途径。青年的素质和本领直接影响着实现中国梦的进程。古人说："学如弓弩，才如箭镞。"说的是学问的根基好比弓弩，才能好比箭头，只要依靠厚实的见识来引导，就可以让才能很好发挥作用。(在2013年5月4日，习近平在同各界优秀青年代表座谈时的讲话)

번역

청년들은 탄탄한 실력을 몸에 익혀야 합니다. 배움은 성장과 발전을 위한 사다리이며, 실천은 실력을 높이는 경로입니다. 청년들의 자질과 실력이야말로 중국의 꿈을 실현하는 과정에 직접적인 영향을 줍니다. 옛말에 "학문의 기초는 화살과 같고, 사람의 재능은 화살촉과 같다"고 하였습니다. 풍부한 식견이 전제가 되어 이끌어주어야 그 재능이 제대로 발휘될 수 있습니다. (2013년 5월 4일, 각계 우수 청년대표와 시진핑의 좌담회 연설에서)

30

mín yǐ shí wéi tiān

民以食为天

백성에게는 먹는 일이 가장 중요하다.

(백성은 음식을 하늘로 여긴다.)

출전: 『한서 · 역이기전(漢書 · 酈食其傳)』

원문

民是以食为天。食品安全问题涉及千家万户，关系到人民群众身体健康和生命安全。从中央到地方政府都要加强监管。重拳方有效、重典才治乱，决不能再出现奶粉那样的信任危机。在这个事上，中央和地方政府一定要高度重视，坚决下决心。要下决心加大监管，基层监管可能手段上还不足。(2013年5月13日，国务院召开全国电视电话会议中，李克强动员部署国务院机构职能转变工作)

번역

백성에게는 먹는 일이 가장 중요합니다(백성은 음식을 하늘로 여깁니다). 식품 안전은 수천만 가구의 안전과 직결되며, 국민 대중의 건강과 안전에 직결된 문제입니다. 중앙정부에서 지방정부까지 모두 감독·관리를 강화해야 합니다. 강력한 단속만이 효과가 있고, 엄격한 법규만이 혼란한 상황을 진정시킬 수 있습니다. 결코 (멜라민) 분유사건과 같은 신뢰 위기가 재차 발생해서는 안 됩니다. 중앙정부와 지방정부는 이 일을 매우 중요시해야 하며 확고한 결단을 내려야 합니다. 감독·관리 강화를 결심해야 합니다. 기층의 감독·관리는 방법에 있어서 여전히 부족한 것 같습니다. (2013년 5월 13일, 국무원 기구 직능전환 관련 동원·배치 업무 전국 화상전화 회의 시 리커창의 발언에서)

lù yáo zhī mǎ lì rì jiǔ jiàn rén xīn

路遥知马力，日久见人心。

길이 멀어야 말의 힘을 알 수 있고

시간이 오래 지나야 사람의 마음을 알 수 있다.

출전: 무명씨, 『쟁보은(爭報恩)』

원문

中国有句谚语，叫做"路遥知马力，日久见人心"。中拉关系的发展历程已经并将继续证明，双方关系发展是开放的发展、包容的发展、合作的发展、共赢的发展。(2013年6月5日，习近平在墨西哥参议院的演讲)

번역

중국 속담에 '길이 멀어야 말의 힘을 알 수 있고 시간이 오래 지나야 사람의 마음을 알 수 있다'는 말이 있습니다. 중국과 남미 관계의 발전은 개방적인 발전, 포용적인 발전, 협력적인 발전, 상생의 발전임이 이미 증명되었으며, 앞으로도 계속 이러한 방향으로 발전할 것입니다. (2013년 6월 5일, 멕시코 상원에서의 시진핑의 연설에서)

※ 중국 원나라 때의 극인 『爭報恩』에서 유래되었으며 '시간이 오래 흐른 후에야 사람의 진정한 마음을 알 수 있다'는 의미로 지금은 속담

처럼 널리 사용되고 있다.

huò huàn cháng jī yú hū wēi   ér zhì yǒng duō kùn yú suǒ nì
祸患常积于忽微，而智勇多困于所溺。

재앙과 우환은 항상 작은 것을 소홀히 함이 쌓여서 생기며,

지혜와 용맹은 탐닉한 것 때문에 곤란을 받는 경우가 많다.

출전: 구양수(歐陽修), 『신오대사 · 영관전 제25(新五代史 · 伶官傳第二十五)』

원문

正衣冠, 主要是在照镜子的基础上, (중략) 正衣冠往往一天一次不够, 需要 "吾日三省吾身"。正视和解决自身存在的问题需要勇气, 但这样做最主动。"祸患常积于忽微, 而智勇多困于所溺。" 养成勤正衣冠的习惯, 能收到防微杜渐之效, 能有效避免 "积羽沉舟, 群轻折轴"。(2013年6月18日, 习近平在党的群众路线教育实践活动工作会议上的讲话)

번역

의관을 바르게 하려면 거울에 비추어 보아야 합니다. (중략) 의관을 바로잡는 것은 하루나 한 번으로는 부족하며 하루에 세 번 자신을 반성하는 노력(吾日三省吾身)이 필요합니다. 자신의 문제를 직시하고 해결하는 데는 용기가 필요하지만, 이렇게 하는 것이 가장 자발적인 것입니다. '재앙

과 우환은 항상 매우 작은 것이 쌓여서 생기며, 지혜와 용맹을 갖춘 자라도 어떤 것에 탐닉하면 곤고해진다'고 하였습니다. 의관을 바로잡는 습관을 기르면 나쁜 것을 초반에 근절할 수 있는 효과가 있으며, '깃털처럼 가벼운 것들이 쌓여 배를 가라앉힌다'는 말과 같이 사소해 보이는 일들이 쌓여 큰일을 그르치는 것을 막을 수 있습니다. (2013년 6월 18일, 당의 군중노선교육 실천활동 업무회의 중 시진핑의 연설에서)

33

shē mí zhī shǐ   wēi wáng zhī jiàn
奢靡之始，危亡之渐。
사치 풍조의 시작은 위태로움과 멸망의 길로 접어드는 것이다.

출전: 구양수(歐陽修), 송기(宋祁) 등, 『신당서 · 저수량(新唐書 · 褚遂良)』

원문

我们一定要牢记"奢靡之始，危亡之渐"的古训，对作风之弊、行为之垢来一次大排查、大检修、大扫除，切实解决人民群众反映强烈的突出问题。(2013年6月18日，习近平在党的群众路线教育实践活动工作会议上的讲话)

번역

우리는 '사치 풍조의 시작은 망국의 길로 접어드는 것이다'라는 교훈을 기억하여 나쁜 풍조와 행위의 폐단에 대해 대대적인 조사와 점검을 하고 이를 처단함으로써 심각한 문제를 철저히 해결하라는 국민의 바람을 실천해야 할 것입니다. (2013년 6월 18일, 당의 군중노선교육 실천활동 업무회의 중 시진핑의 연설에서)

34

jìn wēi zé yì   jiù mò zhě nán
禁微则易 , 救末者难。

일의 시초에는 금지하는 것이 쉬워도,

일의 말미에서 구제하는 것은 어렵다.

출전: 범엽(範曄), 『후한서 · 환영정홍열전 제27
(後漢書 · 煥榮丁鴻列傳第二十七)』

원문

治治病，主要是坚持惩前毖后、治病救人方针，区别情况、对症下药，对作风方面存在问题的党员、干部进行教育提醒，对问题严重的进行查处，对不正之风和突出问题进行专项治理。人的身体有了毛病，就要看医生，就要打针吃药，重了还要动手术。人的思想和作风有了毛病，也必须抓紧治。如果讳疾忌医，就可能小病拖成大病，由病在表皮发展到病入膏肓，最终无药可治，正所谓"禁微则易，救末者难"。(2013年6月18日，习近平在党的群众路线教育实践活动工作会议上的讲话)

번역

병을 고칠 때는 과거의 경험을 교훈 삼아 병을 고치고 사람을 구하는 방법을 쓰게 됩니다. 상황을 구별하여 기율에 문제가 있는 당원이나 간부에 대해서는 교육 및 경고를 하며 문제가 심각한 경우에는 적발하여 잘못된 관례나 심각한 상황들에 대해서 특별 조치를 취해야 합니다. 사람의 몸에 문제가 생기면 의사를 찾아가서 주사를 맞고 약을 먹어야 하며 심할 경우 수술도 해야 합니다. 사람의 사상이나 행실에 문제가 생겼을 경우에도 이를 고쳐야만 합니다. 이를 숨기고 고치지 않으면 병을 키워서 겉에만 있던 병이 안으로 깊어져 결국에 어떤 약도 쓸 수 없게 될 수 있습니다. 처음에 막는 것은 쉽지만 끝에 가서 고치려면 어려운 것입니다. (2013년 6월 18일, 당의 군중노선교육 실천활동 업무회의 중 시진핑의 연설에서)

jùn mǎ néng lì xiǎn　　lì tián bù rú niú
骏马能历险，力田不如牛。
jiān chē néng zà zhòng　　dù hé bù rú zhōu
坚车能载重，渡河不如舟。

천리마는 험한 곳을 달릴 수 있지만,

힘써 밭을 가는 데는 소만 못하고,

견고한 수레는 무거운 것을 실을 수 있지만,

강을 건널 때는 배만 못하다.

출전: 고사협(顧嗣協), 『잡흥(雜興)』

원문

用人得当，就要科学合理使用干部，也就是说要用当其时、用其所长。(중략) "骏马能历险，力田不如牛。坚车能载重，渡河不如舟。"我们要树立强烈的人才意识，寻觅人才求贤若渴，发现人才如获至宝，举荐人才不拘一格，使用人才各尽其能。只有这样，才能使大批好干部源源不断涌现出来，才能使大家的聪明才智充分释放出来。(2013年6月28日，习近平在全国组织工作会议上的讲话)

번역

사람을 적재적소에 쓰기 위해서는 간부를 과학적이고 합리적으로 써야 하며 적절한 시기와 그 사람의 재능을 보고 써야 합니다. (중략) "천리마는 험한 곳을 달릴 수 있지만 밭을 가는 데는 소만 못하며, 견고한 수레는 무거운 것을 실을 수 있지만 강을 건너는 데는 배만 못하다"고 하였습니다. 우리는 인재의 중요성을 인식하고 간절하게 구하여 인재를 발견하면 진귀한 보배를 얻은 듯 소중하게 생각해야 하며, 인재를 추천할 때는 한 가지 방식과 규칙에 구애받지 말고 다양하게 추천하고, 인재를 활용할 때는 각기 그 능력을 잘 발휘할 수 있도록 해야 합니다. 이렇게 해야만 훌륭한 간부들을 끊임없이 발굴할 수 있고, 그들이 각자의 재능을 충분히 드러낼 수 있습니다. (2013년 6월 28일, 전국 조직공작회의에서의 시진핑의 연설에서)

36

zhì zhī suǒ qū　　wú yuǎn wù jiè　　qióng shān jù hǎi　　bù néng xiàn yě
志之所趋，无远勿届，穷山距海，不能限也。
zhì zhī suǒ xiàng　　wú jiān bú rù　　ruì bīng jīng jiǎ　　bù néng yù yě
志之所向，无坚不入，锐兵精甲，不能御也。

뜻이 있다면 아무리 멀어도 이르지 못할 것이 없어서

깊은 산과 넓은 바다도 막을 수 없다.

또한 뜻을 이루고자 한다면 아무리 견고해도 뚫지 못할 것이

없어서 예리한 무기와 정교한 갑옷도 막을 수 없다.

출전: 금영(金纓), 『격언연벽 · 학문(格言聯璧 · 學問)』

원문

理想信念就是人的志向。古人说："志之所趋，无远勿届，穷山距海，不能限也。志之所向，无坚不入，锐兵精甲，不能御也。"意思是说，志存高远的人，再遥远的地方也能达到，再坚固的东西也能突破。在革命、建设、改革各个历史时期，有无数共产党员为了党和人民事业英勇牺牲了，支撑他们的就是"革命理想高于天"的精神力量。(2013年6月28日，习近平在全国组织工作会议上的讲话)

번역

이상과 신념은 사람의 뜻이 향하는 야망이라고 할 수 있습니다. 옛 선인은 "뜻이 있다면 아무리 멀어도 이르지 못할 것이 없어서 깊은 산과 넓은 바다도 막을 수 없다. 또한 뜻을 이루고자 한다면 아무리 견고해도 뚫지 못할 것이 없어서 예리한 무기와 정교한 갑옷도 막을 수 없다"고 하였습니다. 이는 뜻이 높은 사람은 아무리 멀리 있는 목표라도 이룰 수 있고 아무리 견고한 것이라도 돌파할 수 있다는 뜻입니다. 혁명과 건설, 개혁의 각 역사 시기에 수많은 공산당원들이 당과 인민의 사업을 위해 용감하게 희생하였습니다. 그들을 지탱한 것은 바로 하늘보다 높았던 혁명 이상의 정신적 힘이었던 것입니다. (2013년 6월 28일, 전국 조직공작회의에서의 시진핑의 연설에서)

zhǐ shàng tán bīng

纸上谈兵

종이 위에서만 병법을 말한다.

(탁상공론)

출전: 사마천(司馬遷), 『사기 · 염파인상여열전(史記 · 廉頗藺相如列傳)』

원문

纸上谈兵不如下马服务，要从过去坐等审批转向主动加强为企业为基层服务。这样可以促进投资的合理增长，提高经济运行效率，推动社会主义市场经济体制的不断完善。(2013年7月8日至10日，李克强到广西北海、钦州、南宁考察，围绕经济运行、改革开放、民生改善等开展调研，并发表讲话)

번역

'탁상공론'보다는 현장 실천이 낫습니다. 앞서서 심사 · 비준을 기다리는 과거의 자세에서 벗어나 능동적으로 기업과 기층을 위해 일하도록 해야 합니다. 이렇게 해야 투자의 합리적인 성장을 촉진시키고 경제운영의 효율성을 높이며, 사회주의 시장경제체제의 지속적인 보완을 추동할 수 있습니다. (2013년 7월 8~10일, 광시지역 등 시찰 중 경제 · 개혁개방 · 민생개선 관련 조사 및 연설에서의 리커창의 발언에서)

※ 전국시대 조(趙)나라의 명장 조사(趙奢)의 아들 조괄(趙括)이 젊은 시절 병법을 배울 때 이론으로는 자신의 아버지도 이길 정도였다. 하지만 나중에 실제 전쟁에서는 병서에 쓰여 있는 대로만 할 줄 알 뿐 적용할 때의 융통성이 없어 대패하고 말았던 데서 유래한 말로 '탁상공론'의 의미로 널리 사용된다.

38

wéi zhī yú wèi yǒu , zhì zhī yú wèi luàn
为之于未有，治之于未乱。

생기기 전에 대책을 세우고
어지럽게 되기 전에 미리 다스려야 한다.

출전 : 『도덕경(道德經)』

원문

中国的哲学是时间的哲学，主张在时间流中去探讨事物的衍生规律，获得处理问题的智慧。比如，中医讲究"治未病"，病要在未得时医治，等显现出来已经晚了一步。主张要有忧患意识，居安思危。主张凡事预则立，不预则废。处理问题，治国理政，要学会"下先手棋"等。《老子》讲"为之于未有，治之于未乱"就是这个意思。(2013年10月，习近平在《干在实处, 走在前列》中引用)

번역

중국의 철학은 시간의 철학이다. 시간의 흐름 속에서 사물의 변화·발전·규칙을 탐구하여 문제 해결의 지혜를 얻어야 한다고 본다. 예컨대 중의학에서는 '아직 병으로 발전하지 않았을 때 치료하는 것(치미병)'을 중시한다. 병으로 발전하기 전에 치료해야지 증상이 나타나면 이미 늦은 것이다. 또한 중국의 철학은 우환의식(위기의식)을 가지고 태평할 때 위기를 생각해야 하며, 무슨 일이든 대비하면 성공하고 대비하지 않으면 실패한다고 주장한다. 아울러 문제를 처리하거나 국정을 운영할 때도 '선제적인' 대책을 강조한다. 『노자』가 "생기기 전에 대책을 세우고 어지럽게 되기 전에 미리 다스려야 한다"고 말한 것도 바로 이러한 뜻이다. (2013년 10월, 시진핑, 『선두에 서서 실질적인 일을 하자』에서 인용)

39

hé bào zhī mù　　shēng yú háo mò　　jiǔ céng zhī tái　　qǐ yú lěi tǔ

合抱之木 ，生于毫末 ；九层之台 ，起于累土。

아름드리 나무도 작은 싹에서 자라났고,

9층 높이의 높은 누대도 흙을 층층이 쌓아 이룬 것이다.

출전: 『도덕경(道德經)』

원문

"合抱之木，生于毫末；九层之台，起于累土。"保持中国—东盟友谊之

树常青，必须夯实双方关系的社会土壤。(2013年10月3日，习近平在印度尼西亚国会的演讲)

번역

"아름드리 나무도 작은 싹에서부터 자라났고, 9층 높이의 높은 누대도 흙을 충충이 쌓아 이룬 것"이라는 말이 있습니다. 중국과 아세안의 우정의 나무가 이렇게 푸른 것도 양자 관계의 탄탄한 사회적 토양이 있었기에 가능한 것입니다. (2013년 10월 3일,인도네시아 국회에서의 시진핑의 연설에서)

40

hǎi nà bǎi chuān   yǒu róng nǎi dà

海纳百川，有容乃大。

바다는 모든 하천을 받아들이니,

받아들임이 있어 거대해진 것이다.

출전: 임측서(林則徐)의 대련(對聯)

("海納百川"은 진(晉)대의 원굉(袁宏)의『三國名臣序贊』, "有容乃大"는 『尚書·君陳』에 기록이 있으며 이 두 구절을 임측서가 대련에 남김)

원문

"海纳百川，有容乃大。"在漫长历史进程中，中国和东盟国家人民创造了丰富多彩、享誉世界的辉煌文明。这里是充满多样性的区域，各种文明在相互影响中融合演进，为中国和东盟国家人民相互学习、相互借鉴、相互促进提供了重要文化基础。(2013年10月3日，习近平在印度尼西亚国会的演讲)

번역

"바다는 모든 하천을 받아들이니, 받아들임이 있어 거대해진 것이다" 라는 말이 있습니다. 길고 긴 역사 속에서 중국과 아세안 인민들은 다채롭고 풍부한, 그리고 찬란한 세계적 문명을 만들어 냈습니다. 이곳 아시아는 다양성이 넘쳐 나는 지역입니다. 바로 이곳에서 여러 문화가 서로 영향을 주면서 융합 발전함으로써 중국과 아세안 인민들이 서로 배우고 영향을 주면서 발전할 수 있는 중요한 문화적 토대가 마련되었던 것입니다. (2013년 10월 3일, 인도네시아 국회에서의 시진핑의 연설에서)

41

 jì lì dāng jì tiān xià lì
计利当计天下利

이익을 도모하려면 마땅히 천하의 이익을 도모해야 할 것이다.

출처: 위여우런(于右任)이 장징궈(蔣經國)에게 증정한 대련(對聯)

원문

坚持合作共赢。"计利当计天下利。"中国愿在平等互利的基础上，扩大

对东盟国家开放，使自身发展更好惠及东盟国家。(2013年10月3日，习近平在印度尼西亚国会的演讲)

번역

협력상생 원칙을 고수해야 합니다. '이익을 도모하려면 마땅히 천하의 이익을 도모해야 한다'고 하였습니다. 중국은 평등호혜의 기초 위에서 아세안 국가에 대한 개방을 확대하여 아세안 국가들이 중국 발전을 통해 더 많은 혜택을 받을 수 있도록 노력하고자 합니다. (2013년 10월 3일, 인도네시아 국회에서의 시진핑의 연설에서)

　　※ 유명한 서예가인 위여우런(于右任)이 1961년에 장경국(蔣經國)에게 증정한 대련(對聯)의 문구인 計利當計天下利, 求名應求萬世名(이익을 도모하려면 마땅히 천하의 이익을 도모하고 이름을 구하려면 마땅히 만세의 이름을 구해야 한다)'의 첫 구절로 인도네시아 국회연설에서 시진핑이 인용하여 타이완 언론의 주목을 받은 바 있다. 이는 장징궈의 좌우명으로도 알려져 있다.

42

hào miǎo xíng wú jí ,　yáng fān dàn xìn fēng
浩渺行无极，扬帆但信风。

광활한 바다로 길 떠나려고 돛을 올려 바람에 맡기네.

출전: 상안(尚顏), 『송박산인귀신라(送樸山人歸新羅)』

원문

"浩渺行无极，扬帆但信风。"亚太是我们共同发展的空间，我们都是亚太这片大海中前行的风帆。亚太未来发展攸关亚太经合组织每个成员的利益。(在2013年10月7日，习近平在亚太经合组织工商领导人峰会上的演讲)

번역

"넓디넓은 바다를 건너고자 돛을 올렸으니 다만 바람이 순조롭기만을 바랄 뿐이네." 아시아 태평양은 우리가 함께 발전해 나가야 할 공간입니다. 우리는 모두 아시아 태평양이라는 넓은 바다에서 앞으로 나아가기 위한 돛단배와 같습니다. 아태지역의 발전은 APEC 각 회원국의 이익과 밀접한 관계가 있습니다.(2013년 10월 7일, APEC 최고경영자회의(APEC CEO Summit)에서의 시진핑의 연설에서)

※ 당나라 승려 상안(尙顏)이 신라인 처사 박씨가 신라로 귀향할 때 우정과 아쉬움을 담아 떠나가는 친구의 귀향길이 순조롭기를 축복하며 쓴 시인 '送朴山人歸新羅'의 첫 구절이다.

43

bù móu quán jú zhě　　bù zú móu yí yù
不谋全局者，不足谋一域。

전체를 도모하지 않는 자는 부분을 도모할 수 없다.

출전: 진선염(陳澹然), 『오언·천도건번의(悟言·遷都建藩議)』

원문

全面深化改革是关系党和国家事业发展全局的重大战略部署，不是某个领域某个方面的单项改革。"不谋全局者，不足谋一域。"大家来自不同部门和单位，都要从全局看问题，首先要看提出的重大改革举措是否符合全局需要，是否有利于党和国家事业长远发展。要真正向前展望、超前思维、提前谋局。只有这样，最后形成的文件才能真正符合党和人民事业发展要求。(2013年11月，习近平，《关于<中共中央关于全面深化改革若干重大问题的决定>的说明》等文中引用)

번역

개혁의 전면적인 심화는 당과 국가사업의 전반적인 발전에 영향을 주는 중요한 전략으로 특정 영역이나 특정 분야만의 개혁이 아닙니다. '전체를 도모하지 않는 자는 부분을 도모할 수 없다'고 하였습니다. 모두들 각자 다른 기관과 부서에서 오셨지만 전체적인 관점에서 문제를 보도록 해야 합니다. 우선 제기된 중대한 개혁 조치가 전체의 수요에 부합하는지, 당과 국가의 장기적인 발전에 도움이 되는지를 보아야 합니다. 또한 앞으로의 발전을 생각하고 발전적인 사고로 사전에 전체적인 국면을 만들어 나가야 하는 것입니다. 이렇게 해야만 최종적으로 당과 인민의 발전에 대한 요구에 부합하는 문건이 만들어질 것입니다. (2013년 11월, 시진핑, "중공중앙 전면적 개혁 심화의 몇 가지 중대한 문제에 관한 결정'에 대한 설명" 에서 인용)

zhì guó zhě　　yuán bù shī guī　　fāng bù shī jǔ　　běn bù shī mò

治国者 , 圆不失规 , 方不失矩 , 本不失末 ,

wéi zhèng bù shī qí dào　　wàn shì kě chéng　　qí gōng kě bǎo

为政不失其道 , 万事可成 , 其功可保 。

나라를 다스리는 자가 원을 그릴 때는 규(規: 콤파스)를 잃지 않고

네모를 그릴 때에는 구(矩: 곱자)를 잃지 않으며

근본으로 삼을 때는 말단을 잃지 않고, 정치를 하는 데에

그 도를 잃지 않으면 모든 일을 이룰 수 있고,

그 공로를 보존할 수 있다.

출전: 제갈량(諸葛亮), 『편의 16책 · 치란 제12(便宜十六策 · 治亂第十二)』

원문

"治国者, 圆不失规, 方不失矩, 本不失末, 为政不失其道, 万事可成, 其功可保。" 面对复杂形势和各种风险考验, 我们既要有冒的勇气、闯的劲头, 始终坚持以我为主, 应该改又能够改的坚决改, 不应改的坚决守住; 应该改而不具备条件的创造条件改, 该快的一定要快、不能快的则循序渐进。对看准了的改革, 要下决心推进, 争取早日取得成效。(2013年11月12日, 习近平在十八届三中全会第二次全体会上的讲话)

번역

'나라를 다스리는 자가 원을 그릴 때는 컴퍼스를 잃지 않고, 네모를 그릴

때에는 곱자를 잃지 않으며, 근본으로 삼을 때는 말단을 잃지 않고, 정치를 하는 데에 그 도를 잃지 않으면 모든 일을 이룰 수 있고 그 공로를 보존할 수 있다'고 하였습니다. 복잡한 상황과 각종 위험과 시련에 직면해 있더라도 이에 맞설 용기와 돌진할 수 있는 열정을 가져야 합니다. 나를 중심으로 한 생각은 버리고, 고칠 수 있는 것은 반드시 고치고, 고치지 말아야 할 것은 끝까지 지켜 나가며, 고쳐야 하지만 조건이 갖추어지지 않은 것은 고칠 여건을 만들어 고치고, 빨리 고쳐야 하는 것은 빨리 고치며, 빨리 할 수 없는 것은 점진적으로 고쳐 나가야 합니다. 정확하게 판단한 개혁이라면 굳은 결심을 가지고 추진하여 조속히 성과를 낼 수 있도록 해야 할 것입니다. (2013년 11월 12일, 18기 3중전회 제2차 전체회의에서의 시진핑의 연설에서)

※ 제갈량이 치국의 도를 설명함에 있어서 사회의 질서를 바로잡기 위해서는 사람들의 행위를 규율할 수 있는 규범과 율령이 필요함을 강조한 표현이다. 제갈량의 법가적인 면을 보여 주는 표현으로 사회의 규율과 규범이 필요함을 강조할 때 사용된다.

dì wèi qīng gāo　　rì yuè měi cóng jiān shàng guò
地位清高，日月每从肩上过；
mén tíng kāi huō　　jiāng shān cháng zài zhǎng zhōng kàn
门庭开豁，江山常在掌中看。

지위가 청렴하고 고상하면,

해와 달이 매일 어깨 위로 지나간다.

문 안의 뜰이 탁 트여 있으면,

천하 강산을 항상 손바닥 안에서 볼 수 있다.

출전: 주희(朱熹)가 백운암서원(白雲岩書院)에 남긴 대련

원문

宋代朱熹在福建漳州任知府时写过一副对联："地位清高，日月每从肩上过；门厅开豁，江山常在掌中看。"我们共产党人特别是领导干部都应该心胸开阔、志存高远，始终心系党、心系人民、心系国家，自觉坚持党性原则。坚持了党性原则，就不会把个人凌驾于组织之上，或者使自己游离于组织之外。遵守党的组织纪律，向组织报告，听组织意见，很多问题就不会发生。一个人什么时候容易犯错误？就是以为自己万物皆备、一切顺利的时候，得心应手了就容易随心所欲，随心所欲又不能做到不逾矩，就要出问题了。月盈则亏，水满则溢。(2014年1月14日, 习近平在十八届中央纪委三次全体会议上的讲话)

번역

송대 주희는 푸젠성 장저우 지부(지사급)에 임명되었을 때 '지위가 청렴하고 고상하면, 해와 달이 매일 어깨 위로 지나가고, 문 안의 뜰이 탁 트여 있으면 천하 강산을 손바닥 안에서 볼 수 있다'라는 대련을 썼습니다. 우리 공산당원, 특히 공산당 간부들도 이와 같이 넓은 도량과 원대한 뜻을 품고 당과 인민, 국가에 마음을 두고 당성의 원칙을 스스로 지켜 나가야 할 것입니다. 당성 원칙을 지킨다면 개인이 조직 위에 군림하거나 조직에서 유리되는 일은 없을 것입니다. 당의 조직 기율을 지켜 조직에 보고하고 조직의 의견을 듣는다면 많은 문제들이 일어나지 않게 될 것입니다. 어떤 때에 사람들이 잘못을 범하게 될까요? 바로 자신이 모든 것을 갖추고 모든 것이 순조롭다고 생각될 때입니다. 생각대로 잘 될 때는 제멋대로 하기 쉽고 제멋대로 하다 보면 규율을 어기기 쉽기 때문에 문제가 생기게 됩니다. 달이 차면 기울고 물이 차면 넘치게 되는 것입니다. (2014년 1월 14일, 18기 중앙기율검사위원회 3차 전체회의에서의 시진핑의 연설에서)

46

gōng zé míng   lián shēng wēi
公 则 明 ，廉 生 威。
공정하면 밝아질 것이며, 청렴하면 위엄이 생길 것이다.

출전: 연부(年富), 『관잠(官箴)』 각석

원문

政法机关要完成党和人民赋予的光荣使命，必须严格执法、公正司法。"公生明，廉生威。"要坚守职业良知、执法为民，教育引导广大干警自觉用职业道德约束自己，做到对群众深恶痛绝的事零容忍、对群众急需急盼的事零懈怠，树立惩恶扬善、执法如山的浩然正气。(2014年1月7日，习近平在中央政法工作会议上的讲话)

번역

정법기관(사법기관)은 당과 인민이 부여한 영광스러운 사명을 완성하여 엄격한 법 집행과 사법의 공정성을 실현해야 합니다. '공정하면 밝아질 것이며 청렴하면 위험이 생길 것'이라고 하였습니다. 직업적 양심과 국민을 위한 법 집행과 함께, 많은 경찰들이 투철한 직업정신으로 스스로를 구속하도록 교육하여 대중이 극도로 싫어하는 일에 대해서는 절대 용인하지 않고 대중이 간절히 바라는 일에 대해서는 태만하지 않음으로써 권선징악과 철저한 법 집행을 실현하는 호연한 기상을 이루어야 할 것입니다. (2014년 1월 7일, 중앙 정법업무회의에서의 시진핑의 연설에서)

shǒu mò shēn　　shēn shǒu bì bèi zhuō
手莫伸，伸手必被捉。

손을 내밀지 말라, 손을 뻗으면 반드시 잡힌다.

(부패나 권력 남용 행위를 하게 되면 반드시 발각될 것이다.)

원문

要让每一个干部牢记 "手莫伸，伸手必被捉" 的道理。(2014年1月14日，习近平在十八届中央纪委三次全会上的讲话)

번역

모든 간부들이 '손을 뻗으면 안 된다. 손을 뻗어 부당한 것을 얻으면 반드시 잡힌다'는 것을 기억해야 할 것입니다. (2014년 1월 14일, 제18기 중앙기율검사위원회 3차 전체회의에서의 시진핑의 연설에서)

　※ 1954년 천이(陈毅)의 시 「七古·手莫伸」의 한 구절로 시진핑이 다시
　　인용하면서 자주 사용되고 있다.

jiàn shàn rú bù jí   jiàn bú shàn rú tàn tāng

见善如不及，见不善如探汤。

선을 보면 미치지 못할까 걱정하듯이 열심히 본받고, 선하지 못한 것을 보면 끓는 물에 손을 데일까 도망치듯이 얼른 피해야 한다.

출전: 『논어 · 계씨편(論語 · 季氏篇)』

원문

"见善如不及，见不善如探汤。"领导干部要心存敬畏，不要心存侥幸。
(2014年1月14日，习近平在十八届中央纪委三次全会上的讲话)

번역

'선한 것을 보면 그에 미치지 못할까 걱정하듯이 열심히 본받고, 선하지 못한 것을 보면 끓는 물에 손을 데일까 도망치듯이 얼른 피해야 한다'고 했습니다. 당 간부와 지도자들은 두려움과 조심스러운 마음을 가져야 하며 요행을 바라는 마음이 있어서는 안 될 것입니다. (2014년 1월 14일, 18기 당 중앙기율검사위원회 3차 전체회의에서의 시진핑의 연설에서)

guā gǔ liáo dú   zhuàng shì duàn wàn
刮骨疗毒、壮士断腕

뼈를 긁어 독을 치료하고, 장사는 독사에 물린 팔을 자른다.

(고통을 두려워하지 않고 상처를 치료하다.)

출전:『삼국지 · 위서(三國志 · 魏書)』및『삼국연의(三國演義)』

원문

全党同志要深刻认识反腐败斗争的长期性、复杂性、艰巨性，以猛药去疴、重典治乱的决心，以刮骨疗毒、壮士断腕的勇气，坚决把党风廉政建设和反腐败斗争进行到底。(2014年1月14日，习近平在十八届中央纪委三次全会上的讲话)

번역

전체 당원 동지들은 반부패 투쟁의 장기성과 복잡성, 엄중성을 인식하고, 병을 치료하기 위해서는 독한 약을 쓰고 난세를 극복하기 위해서는 엄격한 법을 적용해야 한다는 결심으로, 뼈를 긁고 자기 팔을 잘라 내는 용기를 가지고 당의 정풍 운동과 반부패 투쟁을 끝까지 진행해야 할 것입니다. (2014년 1월 14일,18기 당 중앙기율검사위원회 3차 전체회의 연설에서의 시진핑의 연설에서)

※ 『삼국지』에 화타(華佗)가 관우(關羽)의 상처를 치료하기 위해 뼈까지 번진 독을 제거하기 위해 뼈를 긁어냈다는 이야기(刮骨療毒)와 한 장수가 독사에 물린 팔을 베어 냈다는 이야기(壯士斷腕)에서 나온 표현으로 뼈를 깎는 고통을 감수하고 굳은 의지를 가지고 일을 추진함을 묘사할 때 사용된다.

50

rén shì shuǐ jiàn xíng   shì mín zhī zhì bù
人视水见形，视民知治不。

사람이 물을 보면 형체가 드러나듯이, 백성들을 살펴보면

그 나라가 제대로 다스려지는지 아닌지를 알 수 있다.

출전: 사마천(司馬遷), 『사기 · 은본기(史記 · 殷本紀)』

원문

司马迁在史记上说"人视水见形，视民知治不。"说的是人从水中能看到自己的形象，观察人民就能知道治理的好不好，每个党员干部都要主动把自己置于社会和群众监督之下，改什么，怎么改，改的怎么样，要让群众看清楚。(在2014年1月20日，习近平在党和群众路线教育实践活动第一批总结暨第二批部署会议上的讲话)

번역

사마천은 『사기』에서 '사람이 물을 보면 형체가 드러나듯이, 백성을 보면 정치가 제대로 다스려지는지 알 수 있다'고 말했습니다. 이처럼 모든 당원과 간부들은 자신을 사회와 대중의 감독하에 두고 무엇을 고쳤는지, 어떻게 고쳤는지, 고친 것이 어떠한지, 인민이 분명히 볼 수 있게 해야 합니다. (2014년 1월 20일, 당과 군중노선 교육실천활동 1차 활동 정리 및 2차 준비회의에서의 시진핑의 연설에서)

51

lì mín zhī shì   sī fà bì xīng   lì mín zhī shì   háo mò bì qù
利民之事，丝发必兴；厉民之事，毫末必去。

백성에게 이로운 일이라면 실낱같이 작은 것이라도

반드시 일으키고, 백성에게 해가 되는 것은

터럭만큼 작은 것도 반드시 없애야 한다.

출전: 만사대(万斯大), 『주관변비 · 천관(周官辨非 · 天官)』

원문

第二，更加注重问题导向。(중략) 要盯住作风问题不放，从小事做起，从具体事情抓起，让群众看到实实在在的成效。有的同志觉得，很多问题在第一批教育实践活动中已经按照中央和省里要求整改了，现在可改的问题已经不多了，这就需要提高思想认识。思想认识提高了，衡量尺度严格

了，一些过去没看清的问题就会看清，一些过去没引起重视的问题就会重视起来。"利民之事,丝发必兴;厉民之事,毫末必去。"就是说有利于百姓的事，再小也要做，危害百姓的事再小也要除。(在2014年1月20日，习近平在党和群众路线教育实践活动第一批总结暨第二批部署会议上的讲话)

번역

둘째, 더욱 문제 중심으로 가야 합니다. (중략) 당의 기강을 바로잡기 위해 작고 구체적인 일부터 시작해 대중이 실질적인 효과를 볼 수 있도록 해야 합니다. 일부 동지들은 많은 문제들이 1차 교육실천활동 과정에서 당 중앙과 성의 요구대로 고쳐졌기 때문에 고쳐야 할 문제들이 많지 않다고 생각할 수도 있지만 사상적 인식을 제고할 필요가 있습니다. 인식을 제고하고 보다 엄격한 기준을 적용하면 과거에는 보이지 않던 문제들이 보이고 중요하게 생각하지 못했던 문제들도 중요하게 보이는 법입니다. 옛말에 '백성에게 이로운 일은 실낱같이 작아도 반드시 일으키고 백성에게 해로운 것은 터럭만큼 작아도 없애야 한다'고 하였습니다. 아무리 작은 일이라도 백성에게 이로우면 해야 하고 백성에게 좋지 않으면 제거해야 하는 것입니다. (2014년 1월 20일, 당과 군중노선 교육실천활동 1차 활동 정리 및 2차 준비회의에서의 시진핑의 연설에서)

52

shí kě pò yě   ér bù kě duó jiān   dān kě mó yě   ér bù kě duó chì

石可破也，而不可夺坚；丹可磨也，而不可夺赤。

돌멩이를 부숴 버릴 수는 있지만 견고함을 빼앗을 수는 없고,

단사(丹砂, 붉은색 모래)를 문질러 없애버릴 수는 있지만

붉은색을 빼앗을 수는 없다.

출전: 여불위(呂不韋), 『여씨춘추 · 성렴(呂氏春秋 · 誠廉)』

원문

对共产党人来说，理想信念是精神之钙，精神上缺了钙，就会得"软骨病"，就会导致政治上的变质，精神上的贪婪，道德上的堕落，生活上的腐化。"四风"问题归根到底，是理想信念出现动摇所致。"石可破也，而不可夺坚；丹可磨也，而不可夺赤"，必须毫不放松抓好思想政治建设，点亮党员干部心中的明灯，教育引导党员干部筑牢思想防线，坚持革命理想高于天，保持蓬勃朝气、昂扬锐气、浩然正气。(2014年1月20日，习近平在党和群众路线教育实践活动第一批总结暨第二批部署会议上的讲话)

번역

공산당원에게 있어서 이상과 신념은 정신적인 칼슘과 같아서 정신적으로 칼슘이 부족하면 정신적 골다공증에 걸려서 정치적 변질과 정신적 탐욕, 도덕적 타락, 생활 속에서의 부패를 가져올 수 있습니다. 이러한 문

제들은 결국 이상과 신념이 흔들려서 생긴 문제입니다. 돌멩이를 부술 수는 있지만 그 단단함을 뺏을 수는 없고 붉은 모래인 단사를 갈아 버리 더라도 그 붉은 빛은 뺏을 수 없는 법입니다. 정치사상이 해이해지지 않 도록 바로잡아 당원 간부들의 마음의 등불을 밝히고, 당원과 간부들이 사상의 방어선을 구축하도록 교육하고, 하늘보다 높은 혁명 이상을 지키 고 힘찬 패기와 진취적 기상, 강직함을 지켜 나갈 수 있도록 유도해야 합 니다. (2014년 1월 20일, 당과 군중노선 교육실천활동 1차 활동 정리 및 2차 준 비회의에서의 시진핑의 연설에서)

※ 돌멩이의 본질은 단단함이고 붉은 모래(단사)의 본질은 붉은색이다. 외부의 힘으로 돌멩이와 단사를 더 작게 파괴할 수는 있지만 그 본 성을 바꾸지는 못하듯이, 공산당원들도 공산당원의 본질을 잃지 않 도록 노력해야 함을 강조하는 말이다.

53

xiōng dì tóng xīn   qí lì duàn jīn
兄弟同心，其利断金。
형제가 마음을 모으면 그 날카로움은 쇠도 자를 수 있다.

출전:『주역 · 계사상(周易 · 系辭上)』

원문

"兄弟同心, 其利断金。"两岸同胞要相互扶持, 不分党派, 不分阶层, 不分宗教, 不分地域。都参与到民族复兴的进程中来, 让我们共同的中国梦早日成真。(2014年2月18日, 习近平在会见台湾地区各界人士访问团时的讲话)

번역

'형제가 마음을 모으면 그 날카로움은 쇠도 자를 수 있다'는 말이 있습니다. 양안 동포들 모두 당파나 계층, 종교, 지역을 불문하고 서로 도와주면서 민족중흥의 과정에 참여하여 우리 공동의 '중국의 꿈'을 조속히 실현시켜야 할 것입니다. (2014년 2월 18일, 타이완 지역 방문단과의 회견 시 시진핑의 발언에서)

> ※ 『주역』에 '두 사람이 마음을 합치면 그 날카로움은 쇠도 자를 수 있으며 마음을 합한 말은 난초처럼 향기롭다(二人同心 , 其利斷金 ; 同心之言 , 其臭如蘭)'는 구절에서 유래하였다. 마음을 합하여 단결하면 큰 힘을 발휘할 수 있다는 의미로 널리 사용된다.

54

shěn duó shí yí   lǜ dìng ér dòng   tiān xià wú bù kě wéi zhī shì

审度时宜，虑定而动，天下无不可为之事。

때에 알맞은 사정을 잘 살피고 생각을 정한 뒤에 움직이면,

천하에 불가능한 일이 없다.

출전: 장거정(張居正), 『답선대순무오환주책황추(答宣大巡撫鳴環洲策黃酋)』

원문

我们说要以更大决心冲破思想观念束缚，就是要破除妨碍改革发展的那些思维定势，顺应潮流，与时俱进。"审度时宜，虑定而动，天下无不可为之事。"要做好承受改革压力和改革代价的思想准备，对党和人民事业有利的，对最广大人民有利的，对实现党和国家兴旺发达、长治久安有利的，该改的就要坚定不移改，这才是对历史负责、对人民负责、对国家和民族负责。(2014年2月17日，习近平在省部级主要领导干部学习贯彻十八届三中全会精神全面深化改革专题研讨班上的讲话中)

번역

우리는 더욱 큰 결심으로 사상과 관념의 속박을 물리쳐야 합니다. 즉 개혁 발전에 방해가 되는 고정관념들을 타파하고 시대적 흐름에 발맞추어 함께 나아가야 하는 것입니다. '때에 알맞은 사정을 잘 살피고 생각을 정한 뒤에 움직이면, 천하에 불가능한 일이 없다'고 하였습니다. 개혁의 압

력과 대가를 이겨낼 수 있도록 마음의 준비를 단단히 해야 합니다. 당과 국민을 위한 사업에 도움이 되고, 많은 국민에게 도움이 되고, 당과 국가의 발전에 도움이 되고, 사회의 장기적인 안정에 도움이 된다면, 바꿔야 할 것은 확실하게 바꿔 나가야 합니다. 이렇게 하는 것이 역사와 국민, 국가와 민족 앞에 책임을 지는 것입니다. (2014년 2월 17일, 18기 3중전회 정신의 학습·관철 및 전면적인 개혁 심화 관련 성부(省部)급 주요 영도 간부 세미나에서의 시진핑의 연설에서)

55

xǐ mù lì xìn
徙木立信

나무를 옮겨 국민의 신뢰를 얻다.

위정자는 국민과의 약속을 지켜야 한다.

출전: 사마천(司馬遷), 『사기·상군열전(史記·商君列傳)』

원문

提到中央八项规定精神，大家有希望也有担心。目前，首先要把这一步继续抓好，起"徙木立信"的作用。这件事情要牢牢抓住，善做善成，才能做其他的事情。(2014年3月5日，习近平在参加全国两会上海代表团审议时的讲话)

번역

중앙 8항 규정 정신을 말하면 모두들 이것이 지켜지기를 바라면서도 우려를 표합니다. 지금 먼저 이 단계에서 우리가 8항 규정이 철저히 지켜지도록 함으로써 진나라 상앙처럼 국민의 신뢰를 얻어야 합니다. 이를 철저히 제대로 해낼 때에만 다른 일들도 할 수가 있는 것입니다. (2014년 3월 5일, 전국 양회 상하이 대표단 심의 시의 시진핑의 연설에서)

※ 상앙(商鞅)이 진(秦)나라를 바로 세우기 위해 상앙변법이라 불리는 여러 개혁을 진행하여 진나라를 강국으로 만들었다는 『사기, 상군열전(史記·商君列傳)』의 고사에서 나왔다. 원래 위(衛)나라 사람이었던 상앙은 진나라 사람들에게 신뢰를 얻기 위해 성문 앞에 큰 나무 기둥을 놓고 이를 북문으로 옮기는 사람에게는 거금의 상금을 주겠다고 공포하였는데 다들 이 약속을 믿지 않아 아무도 나무를 옮기지 않던 중 어떤 사람이 이를 북문으로 옮기자 약속대로 거액의 상금을 줌으로써 자신이 약속을 지키는 관리임을 보여주었다. 이 일이 있은 후 백성의 신뢰를 얻어 성공적으로 개혁을 수행할 수 있었다. 이와 같이 관리는 자신이 한 약속을 반드시 지켜야 한다는 뜻으로 사용된다.

(*중앙 8항 규정: ① 철저한 조사 통한 관련 정책 결정, 격식에 치우친 접대 금지 ② 형식적인 회의 및 행사 지양 ③ 문서 형식 간소화, 내실 있는 문서 작성 ④ 공무상의 해외출장 규모 및 횟수 축소 ⑤ 지나친 경호 업무 지양 ⑥ 회의 관련 언론보도 내용 간소화 ⑦ 개인명의 저서 발간 등의

56

sì liǎng bō qiān jīn

四两拨千斤

작은 힘으로 큰 성과를 낸다.

출전: 왕종악(王宗嶽), 『태극권론(太極拳論)』

원문

把投资作为稳定经济增长的关键。加快投融资体制改革，推进投资主体多元化，再推出一批民间投资示范项目，优化投资结构，保持固定资产投资合理增长。中央预算内投资拟增加到4576亿元，重点投向保障性安居工程、农业、重大水利、中西部铁路、节能环保、社会事业等领域。发挥好政府投资"四两拨千斤"的带头作用。(2014年3月5日，李克强，十二届全国人大二次会议上做《政府工作报告》)

번역

투자를 안정적 경제성장의 핵심으로 보고 있습니다. 투자와 금융 시스템의 개혁을 가속화하고 투자 주체의 다원화를 추진할 것입니다. 이어서 민간투자 시범항목을 발표하여 투자구조를 개선하고 고정자산투자의 합리적인 성장을 유지하겠습니다. 중앙 예산 안에서 투자를 4,576억 위안

으로 증액하여 주택지원사업·농업·중요 수리시설·중서부 철도·에
너지절약 및 환경보호·사회사업 등 영역에 중점적으로 투자하여 작은
힘으로 큰 성과를 내는 역할을 할 수 있도록 정부투자가 선도적인 역할
을 담당할 것입니다. (2015년 3월 5일, 제12기 전인대 제3차 회의에서의 리커
창의 「정부공작보고」에서)

※ '四兩撥千斤'은 도가에서 나온 말로 태극권을 수련하면 공격을 당할
때 급소를 당하지 않도록 하는 기술을 연마하여 상대방이 제대로 공
격하거나 힘을 쓸 수 없게 할 수 있음을 말한다. 즉 매우 적은 힘으
로도 큰 힘을 가진 자를 당해낼 수 있다는 뜻으로 사용된다.

57

fán shì bú huàn nàn　　ér huàn wú bèi

凡事不患难，而患无备。

무릇 일은 어려울까를 근심하지 말고
다만 대비가 없을까를 근심하라.

출전: 좌구명(左丘明), 『좌전·양공11년(左傳·襄公十一年)』

원문

我们既要稳增长、保就业，又要防通胀、控风险，还要提质增效，治理污
染，多重目标的实现需要找一个合理的平衡点，这可以说是高难度的动

作。但凡事不患难，但患无备。所谓磨好了斧子才能劈开柴。我想只要我们正视困难、直面挑战、趋利避害，就是遇事克难的成功之道。我们有去年应对经济下行的经历，中国经济又有着巨大的潜能和韧性，我们有能力也有条件使今年经济运行保持在合理区间。(2014年3月13日，国务院总理李克强在人民大会堂三楼金色大厅与中外记者见面并回答记者提问)

번역

성장률 안정화와 고용 유지도 중요하며 인플레 방지와 리스크 관리도 소홀히 할 수 없습니다. 또한 품질과 효율 제고, 오염 방지 등의 목표도 실현해야 합니다. 이처럼 다양한 목표를 실현하기 위해서는 합리적인 균형점을 찾아야 하는데 사실 이는 매우 어려운 과제입니다. 그러나 무릇 일을 할 때는 어려울까를 근심하지 말고 다만 대비가 없을까를 근심해야 합니다. 이는 마치 나무를 잘 베기 위해서는 평소에 도끼를 잘 갈아 놓아야 하는 것과 같습니다. 어려움을 직시하고 도전에 맞서 위험을 회피하면서 이익을 추구한다면 어려움은 극복해 낼 수 있을 것입니다. 우리는 이미 작년에 경기하강에 대응했던 경험도 있으며 중국 경제 역시 막대한 잠재력과 강인함을 갖추고 있습니다. 따라서 우리는 경기를 합리적인 구간에서 운용할 능력과 조건이 있다고 말씀드릴 수 있습니다. (2014년 3월 13일, 제12기 전인대 제2차 회의 기자회견 시 리커창의 답변에서)

> ※『좌전』의 원문은 "편안할 때는 위태로움을 생각하고, 생각하면 대
> 비하게 되고, 미리 대비하면 근심이 없게 된다(居安思危, 思則有備, 有

備無患)"이다.

yǐ shì jiāo zhě　　shì qīng zé jué　　yǐ lì jiāo zhě　　lì qióng zé sàn

以势交者, 势倾则绝 ; 以利交者, 利穷则散。

형세로써 사귀는 자는 형세가 기울게 되면 사귐도 끝이 난다.

이익으로써 사귀는 자는 이익이 다하게 되면

주위에 사람도 흩어지게 된다.

출전: 왕통(王通), 『중설 · 예악편(中說 · 禮樂篇)』

원문

"势利之交, 难以经远。" "以势交者, 势倾则绝; 以利交者, 利穷则散。" 因此, 在处理人际关系和人情问题上, 领导干部既要真诚待人、乐于助人, 不搞"人一阔脸就变"那一套, 更要讲党性、讲原则, 坚持按党纪国法、政策制度办事, 不搞"关系学"那一套。要明确哪些是应当有、应当讲的人情, 哪些是不应当有、不应当讲的人情, 特别是当个人感情同党性原则、私人关系同人民利益相抵触时, 必须毫不犹豫站稳党性立场, 坚定不移维护人民利益, 即使被人指为"无情"、"无能"也在所不惜、不为所动。

(2014年3月18日,习近平在河南兰考县委常委扩大会议上的讲话)

'권세와 이익의 사귐은 오래 가지 못하며', '형세로써 사귀는 자는 형세가 기울게 되면 사귐도 끝이 난다. 이익으로써 사귀는 자는 이익이 다하게 되면 주위에 사람도 흩어지게 된다'고 하였습니다. 따라서 영도간부들은 인간관계와 인정의 문제를 처리하는 데 있어 진실함으로 대하고 기꺼이 다른 사람을 도와야 합니다. '잘 나가면 변하는' 모습은 지양해야 합니다. 당성과 원칙을 중시하며 당의 기율과 국법 및 정책과 제도에 따라 일을 처리해야 합니다. 정당하지 못한 방법으로 인사 문제를 처리하는 '인간관계학'적인 방식은 지양해야 할 것입니다. 인정을 베풀어야 하는 상황과 냉정하게 인정을 베풀어서는 안 되는 상황을 명확히 구분해야 합니다. 특히 개인의 감정이 당의 원칙과 충돌할 때, 개인의 관계가 국민의 이익과 충돌할 때는 주저 없이 당의 입장에서 확고하게 국민의 이익을 보호해야 합니다. 사람들이 매정하고 무능하다고 원망해도 흔들리지 말아야 합니다. (2014년 3월 18일, 허난성 란카오현 당위원회 상무위원회 확대회의에서의 시진핑의 연설에서)

59

yì huā dú fàng bú shì chūn   bǎi huā qí fàng chūn mǎn yuán
一花独放不是春, 百花齐放春满园。

꽃이 한 송이만 피었다면 아직 봄이 아니다.

온갖 꽃이 함께 피어야 봄이 정원에 가득하게 되는 것이다.

출전: 『고금현문(古今賢文)』

원문

"一花独放不是春, 百花齐放春满园。"如果世界上只有一种花朵, 就算这种花朵再美, 那也是单调的。不论是中华文明, 还是世界上存在的其他文明, 都是人类文明创造的成果。(2014年3月27日, 习近平在联合国教科文组织总部的演讲)

번역

'꽃이 한 송이만 피었다면 이는 봄이 아니다. 온갖 꽃이 함께 피어야 봄이 정원에 가득하게 되는 것이다'라는 시구가 있습니다. 만약 세상에 오직 한 가지 꽃만 있다면, 그 꽃이 아무리 아름다워도 단조로울 것입니다. 중화문명이든 세상의 다른 문명이든 모두 인류문명이 만들어 낸 성과인 것입니다. (2014년 3월 27일, UNESCO 본부에서의 시진핑의 연설에서)

60

ruò yǐ shuǐ jì shuǐ   shuí néng shí zhī
若以水济水 , 谁能食之？
ruò qín sè zhī zhuān yī ,   shuí néng tīng zhī
若琴瑟之专壹 , 谁能听之？

물로써 물을 조미한 것과 같으니 누가 그것을 먹으려 하겠습니까?

금슬이 오로지 한 소리만 내는 것과 같으니

누가 그것을 들으려 하겠습니까?

출전: 좌구명(左丘明), 『좌전 · 소공 20년(左傳 · 昭公二十年)』

中国人早就懂得了"和而不同"的道理。生活在2500年前的中国史学家左丘明在《左传》中记录了齐国上大夫晏子关于"和"的一段话："和如羹焉，水、火、醯、醢、盐、梅，以烹鱼肉。"(중략)"若以水济水，谁能食之? 若琴瑟之专壹，谁能听之?"世界上有200多个国家和地区，2500多个民族和多种宗教。如果只有一种生活方式，只有一种语言，只有一种音乐，只有一种服饰，那是不可想象的。(2014年3月27日，习近平在联合国科教文组织总部的演讲)

번역

중국인은 일찌감치 '화이부동'의 이치를 깨달았습니다. 2,500년 전에 살았던 중국의 역사학자 좌구명은 『좌전』에서 제나라 상대부 안자가 '화'에 대해 한 말을 기록했습니다. 즉 "조화로움이란 국을 끓이는 것과 같아 물·불·초·간장·소금·매실로 생선과 고기를 삶는 것과 같다."(중략) "물로써 물을 조미한 것과 같으면 누가 그것을 먹으려 하겠는가? 비파가 오로지 하나의 소리만 낸다면 누가 그것을 들으려 하겠는가?"라고 했습니다. 세계에는 200여 개의 국가와 지역, 2,500여 개의 민족과 여러 종교가 있습니다. 오직 한 가지 생활방식, 한 가지 언어, 한 가지 음악, 한 가지 복장만 있다고 하는 것은 상상조차 어려운 일입니다. (2014년 3월 27일, UNESCO 본부에서의 시진핑의 연설에서)

wàn wù bìng yù ér bù xiāng hài   dào bìng xíng ér bù xiāng bèi

万 物 并 育 而 不 相 害 ， 道 并 行 而 不 相 悖 。

만물이 어울려 자라되 서로 해치지 않으며,

도가 함께 행해지되 서로 어긋나지 않는다.

출전: 『예기 · 중용(禮記 · 中庸)』

원문

"万物并育而不相害，道并行而不相悖。"中国梦是法国的机遇，法国梦
也是中国的机遇。开创紧密持久的中法全面战略伙伴关系新时代，是我们
唯一正确的选择，也是我这次访法期间，同奥朗德总统达成的最重要战略
共识。我真诚希望，中法两国和两国人民在实现中国梦和法国梦的过程中
相互理解、相互帮助，共同实现"中法梦"。(2014年3月27日，习近平在中
法建交五十周年纪念大会上的讲话)

번역

'만물이 어울려 자라되 서로 해치지 않으며, 도가 함께 행해지되 서로 어
긋나지 않는다'는 말이 있습니다. 중국의 꿈은 프랑스의 기회며, 프랑스
의 꿈 역시 중국의 기회입니다. 중국과 프랑스가 긴밀하고 지속적인, 포
괄적 · 전략적 동반자 관계의 새 시대를 여는 것이 유일한, 우리의 올바
른 선택일 것입니다. 이는 또한 내가 이번 프랑스 방문 기간 올랑드 대

통령과 이룬 가장 중요한 전략적 합의이기도 합니다. 저는 중국-프랑스 양국과 양국 국민이 중국의 꿈과 프랑스의 꿈을 실현하는 과정에서 상호 이해와 상호협력을 이룸으로써 '중국과 프랑스의 꿈'을 함께 이룰 수 있기를 진정으로 희망합니다. (2014년 3월 27일, 중국 - 프랑스 수교 50주년 기념대회에서의 시진핑의 연설에서)

62

qióng zé dú shàn qí shēn   dá zé jiān shàn tiān xià
穷 则 独 善 其 身 ， 达 则 兼 善 天 下 。

곤궁하면 홀로 자기 몸을 선하게 하고,

출세하면 천하 사람들을 모두 선하게 한다.

출전:『맹자, 진심 상(孟子 · 盡心上)』

원문

中国梦是奉献世界的梦。"穷则独善其身，达则兼善天下。"这是中华民族始终崇尚的品德和胸怀。中国一心一意办好自己的事情，既是对自己负责，也是为世界作贡献。随着中国不断发展，中国已经并将继续尽己所能，为世界和平与发展作出自己的贡献。(2014年习3月27日, 习近平在中法建交50周年纪念大会上的讲话)

번역

중국의 꿈은 세계의 꿈을 이루는 데도 도움이 됩니다. '곤궁하면 홀로 자기 몸을 선하게 하고, 출세하면 천하 사람들을 모두 선하게 한다'는 말이 있습니다. 이는 중화민족이 예로부터 숭상해 온 덕목이자 언제나 품어 온 마음입니다. 중국이 자신의 일을 잘 해내기 위해 전심을 다하는 것은 스스로에게 책임을 지는 것이자 세계를 위해 공헌하는 것이기도 합니다. 중국은 발전을 하는 과정에서 우리의 힘이 허락하는 한 최선을 다해 왔으며 앞으로도 계속 그렇게 함으로써 세계 평화와 발전에 공헌하기 위해 최선을 다할 것입니다. (2014년 3월 27일, 중국-프랑스 수교 50주년 기념대회에서의 시진핑의 연설에서)

63

jú shēng huái nán zé wéi jú   shēng yú huái běi zé wéi zhǐ
橘生淮南则为橘， 生于淮北则为枳，
yè tú xiāng sì   qí shí wèi bù tóng   suǒ yǐ rán zhě hé   shuǐ tǔ yì yě
叶徒相似， 其实味不同。 所以然者何？ 水土异也。

굴이 회남지역에서 자라면 굴이 되지만,

회북지역에서 자라면 탱자가 된다.

잎사귀가 서로 비슷하지만 실제 맛은 다르다.

이렇게 되는 까닭은 무엇일까?

물과 흙이 다르기 때문이다.

출전: 『안자춘추 · 내편 · 잡하(晏子春秋 · 內篇 · 雜下)』

원문

世界是多向度发展的, 世界历史更不是单线式前进的。中国不能全盘照搬别国的政治制度和发展模式, 否则的话不仅会水土不服, 而且会带来灾难性后果。2000多年前中国人就认识到了这个道理"橘生淮南则为橘,生于淮北则为枳叶徒相似,其实味不同。所以然者何?水土异也。"(2014年4月1日, 习近平在布鲁日欧洲学院的演讲)

번역

세계는 다양한 방향으로 발전하고 있습니다. 더욱이 세계 역사는 직선적으로 발전하지 않습니다. 중국은 다른 나라의 정치제도와 발전모델 전체를 그대로 모방하지 않을 것입니다. 남의 것을 그대로 가져오게 되면 중국 현실에 맞지 않을 뿐만 아니라 재앙과 같은 결과를 초래하게 될 것입니다. 2천여 년 전 중국인들은 일찍이 이러한 이치를 깨달아 이런 글을 남겼습니다. '귤이 회남지역에서 자라면 귤이 되지만, 회북지역에서 자라면 탱자가 된다. 잎사귀가 비슷하지만 실제 맛은 다르다. 이렇게 되는 까닭은 무엇일까? 물과 흙이 다르기 때문이다.' (2014년 4월 1일, 벨기에 브뤼헤 유럽대학교에서의 시진핑의 연설에서)

tiān xíng jiàn　　jūn zǐ yǐ zì qiáng bù xī

天行健，君子以自强不息。

하늘의 운행은 건실하니,

군자는 이것을 본받아 스스로 힘써 쉬지 않는다.

출전: 『주역(周易)』

원문

中国是正在发生深刻变革的国家。我们的先人早就提出了"天行健,君子以自强不息"的思想,强调要"苟日新,日日新,又日新"。在激烈的国际竞争中前行,就如同逆水行舟,不进则退。(2014年4月1日，习近平在布鲁日欧洲学院的演讲)

번역

중국에서는 매우 큰 변혁이 일어나고 있습니다. 우리 선조들은 일찍이 '하늘의 운행은 건실하니 군자는 이를 본받아 스스로 힘써 쉬지 않는다'고 하면서 '하루가 새로워질 수 있다면 날마다 새로워지도록 노력하고 새로워졌더라도 다시 새롭게 되도록 노력해야 한다'는 점을 강조하셨습니다. 치열한 국제 경쟁 가운데 앞으로 나아가려는 것은 마치 배가 물을 거스르는 것과 같이 앞으로 나아가지 않으면 바로 퇴보하는 것이나 마찬가지가 되기 때문입니다. (2014년 4월 1일, 벨기에 브뤼헤 유럽대학교에서

시진핑의 연설에서)

65

guó yǒu sì wéi   lǐ yì lián chǐ   sì wéi bù zhāng   guó nǎi miè wáng

国有四维，礼义廉耻。四维不张，国乃灭亡。

나라에는 네 가지 강령이 있다. 예·의·염·치이다.

이 네 가지 강령이 시행되지 않으면 나라는 곧 멸망한다.

출처: 관중(管仲), 『관자·목민(管子·牧民)』

원문

每个时代都有每个时代的精神，每个时代都有每个时代的价值观念。国有四维，礼义廉耻，"四维不张，国乃灭亡。"这是中国先人对当时核心价值观的认识。在当代中国，我们的民族、我们的国家应该坚守什么样的核心价值观？这个问题，是一个理论问题，也是一个实践问题。经过反复征求意见，综合各方面认识，我们提出要倡导富强、民主、文明、和谐，倡导自由、平等、公正、法治，倡导爱国、敬业、诚信、友善，积极培育和践行社会主义核心价值观。(在2014年5月4日，习近平在北京大学师生座谈会上的讲话)

번역

시대마다 시대정신과 시대적 가치관이 있습니다. 옛말에 "나라에는

'예 · 의 · 염 · 치'의 네 가지 강령이 있는데 이 네 가지 강령이 널리 펼쳐지지 않은 나라는 곧 멸망한다"고 하였습니다. 이는 우리 중국 선조들의 핵심가치관에 대한 인식이었습니다. 현대 중국에 우리의 민족과 국가는 어떠한 핵심가치관을 견지해야 할까요? 이는 이론적 문제이자 실천에 관한 문제이기도 합니다. 다양한 의견 청취와 다양한 생각들을 종합한 결과, 우리는 '부강 · 민주 · 문명 · 조화, 자유 · 평등 · 공정 · 법치'를 이루어야 하며, '애국심 · 직업정신 · 신의성실과 친절'을 제창하며 '사회주의 핵심가치관'을 적극 교육 · 실천할 것을 제시하였습니다. (2014년 5월 4일, 베이징대학 교수 및 학생과의 좌담회에서의 시진핑의 연설에서)

66

qiān mó wàn jī hái jiān jìn   rèn ěr dōng xī nán běi fēng
千磨万击还坚劲 ， 任尔东西南北风。

천 번을 갈고 만 번을 쳐도 여전히 굳세고 단단하니,

동서남북 어디에서든 바람아 마음대로 불어라.

출전: 정섭(鄭燮), 「죽석(竹石)」

원문

我说这话的意思是，实现我们的发展目标，实现中国梦，必须增强道路自信、理论自信、制度自信，"千磨万击还坚劲，任尔东南西北风"。而这"三个自信"需要我们对核心价值观的认定作支撑。(2014年5月4日, 习近

平在北京大学师生座谈会上的讲话)

번역

이 말의 뜻은 우리 발전의 목표는 중국의 꿈을 실현하는 것으로 우리의 길에 대한 자신과 이론에 대한 자신, 제도에 대한 자신을 가지고 가야 한다는 것입니다. '천 번을 갈고 만 번을 쳐도 여전히 단단하게 동서남북 어디서든 바람이 불어와도 상관없다'라고 할 만큼 자신감이 있어야 합니다. 이러한 발전의 길과 이론, 제도에 대한 세 가지 자신감을 가지기 위해서는 핵심 가치관에 대한 인정이 그 바탕에 있어야 합니다. (2014년 5월 4일, 베이징대학 교수 및 학생과의 좌담회에서의 시진핑의 연설에서)

67

shān jī ér gāo　　zé jī ér cháng
山积而高，泽积而长。
산은 흙이 쌓여 높아지고, 물은 모여 멀리 흐른다.

출전: 유우석(劉禹錫), 『당고감찰어사증상서우부사왕공신도비
(唐故監察禦史贈尚書右仆射王公神道碑)』

원문

"山积而高，泽积而长。"中国是亚洲安全观的积极倡导者，也是坚定实践者。中方将一步一个脚印加强同各方的安全对话和合作，共同探讨制定地区安全行为准则和亚洲安全伙伴计划，使亚洲国家成为相互信任、平等合作的好伙伴。(2014年5月21日，习近平在亚洲相互协作与信任措施会议第四次峰会上的讲话)

번역

'산은 흙이 쌓여 높아지고, 못은 물이 모여 멀리 간다'고 하였습니다. 중국은 아시아 안보관의 제안자로서 이를 굳건히 실천해 오고 있습니다. 중국은 한 발 한 발 착실히 각국과의 안보 대화와 협력을 강화할 것이며, 지역 안보의 행위 준칙(Code of Conduct)과 아시아 안보 파트너십을 함께 모색해 나감으로써 아시아 국가들이 상호 신뢰하고 평등하게 협력하는 좋은 동반자가 되도록 할 것입니다. (2014년 5월 21일, 아시아 신뢰구축회의(CICA) 제4차 정상회의에서의 시진핑의 연설에서)

68

qióng zé biàn　biàn zé tōng　tōng zé jiǔ
穷 则 变 ， 变 则 通 ， 通 则 久 。

막히면 변하게 되고,

변하면 통하게 되며, 통하면 오래 갈 수 있다.

출전: 『주역 · 계사하(周易 · 系辭下)』

원문

在前进的征程上，我们必须坚定不移全面深化改革。近代中国由盛到衰的一个重要原因，就是封建统治者夜郎自大、因循守旧，畏惧变革、抱残守缺，跟不上世界发展潮流。"穷则变，变则通，通则久。"改革开放是决定当代中国命运的关键一招，也是实现中华民族伟大复兴的关键一招。我们一定要以更大的政治勇气推进改革开放，敢于啃硬骨头，敢于涉险滩、闯难关，不断为中国发展提供强大动力。(2014年9月3日，习近平在纪念中国人民抗日战争暨世界反法西斯战争胜利69周年座谈会上的讲话)

번역

전진하는 과정에서 흔들림 없이 전면적으로 개혁을 심화해야 합니다. 근대 중국이 쇠락의 길을 걷게 된 중요한 원인은 봉건 통치자들의 좁은 견문으로 자만하여 낡은 방법을 답습하고 변화를 두려워하여 옛것에 얽매임으로써 세계의 흐름을 따라가지 못하였기 때문입니다. '사물이 궁극에 달하면 변화가 생기고 변화해야 사물의 발전에 막힘이 없어 계속 발전하게 된다'고 하였습니다. 개혁개방은 현대 중국의 운명을 결정한 결정적인 한 수였으며 중화민족의 위대한 부흥을 실현할 중요한 한 수입니다. 우리는 더 큰 정치적 용기를 가지고 개혁개방을 추진하며 아무리 힘든 일이라도 용감하게 헤쳐 나감으로써 중국의 발전을 위한 강한 동력을 제공해야 할 것입니다. (2014년 9월 3일, 중국인민 항일전쟁 및 세계 반파시스트전쟁 승리 69주년 기념대회에서의 시진핑의 연설에서)

guó wú cháng qiáng   wú cháng ruò
国无常强，无常弱。

fèng fǎ zhě qiáng zé guó qiáng   fèng fǎ zhě ruò zé guó ruò
奉法者强则国强，奉法者弱则国弱。

영원히 강한 나라도 없고 영원히 약한 나라도 없다.

법을 받드는 것이 강하면 강한 나라가 되고,

법을 받드는 것이 약하면 약한 나라가 된다.

출전: 『한비자 · 유도(韓非子 · 有度)』

원문

新形势下，我们要毫不动摇坚持人民代表大会制度，也要与时俱进完善人民代表大会制度。当前和今后一个时期，要着重抓好以下几个重要环节的工作。第一，加强和改进立法工作。"国无常强，无常弱。奉法者强则国强，奉法者弱则国弱。"经过长期努力，中国特色社会主义法律体系已经形成，我们国家和社会生活各方面总体上实现了有法可依，这是我们取得的重大成就，也是我们继续前进的新起点。形势在发展，时代在前进，法律体系必须随着时代和实践发展而不断发展。(2014年9月5日，习近平在庆祝全国人民代表大会成立60周年大会上的讲话)

번역

새로운 상황 속에서 우리는 흔들림 없이 인민대표대회 제도 유지와 시대의 변화에 맞는 인민대표 대회 제도 개선을 추진해야 합니다. 이와 관련하여 현재와 향후 일정 기간 동안 다음의 중요한 과제들에 집중해야 할 것입니다. 첫째, 입법 관련 업무의 강화와 개선에 집중해야 합니다. '언제나 강한 나라도 없고 언제나 약한 나라도 없으며, 강력하게 법을 받들면 나라가 강해지고 그렇지 않으면 나라가 약해진다'고 하였습니다. 오랜 기간의 노력을 통해 중국 특색의 사회주의 법률 체계가 만들어졌으며, 국가 조직과 사회생활의 모든 부문에서 전체적으로 법체계가 잡혔습니다. 이는 우리의 중요한 성과이자 우리가 지속적으로 전진하기 위한 새로운 출발점이기도 합니다. 시대가 바뀌면서 상황도 바뀌고 있기 때문에 법률 체계도 시대와 실제 상황에 발맞추어 계속 발전해야 하는 것입니다. (2014년 9월 5일, 전국인민대표대회 창설 60주년 기념 대회에서의 시진핑의 연설에서)

70

shuǐ zhī jī yě bú hòu   zé qí fù dà zhōu yě wú lì

水之积也不厚，则其负大舟也无力。

물이 고여 쌓인 것이 깊지 않으면, 큰 배를 띄울 만한 힘이 없다.

출전:『장자 · 소요유(莊子 · 逍遙遊)』

원문

扎实的知识功底、过硬的教学能力、勤勉的教学态度、科学的教学方法是老师的基本素质，其中知识是根本基础。学生往往可以原谅老师严厉刻板，但不能原谅老师学识浅薄。"水之积也不厚，则其负大舟也无力。"(2014年9月9日，习近平同北京师范大学师生代表座谈时的讲话)

번역

튼튼한 지식 기반과 훌륭한 교육 능력, 성실한 교육의 자세, 과학적인 교육 방법은 선생님들의 기본 자질이며 그 중 지식이 가장 기본이 될 것입니다. 선생님들이 엄격하거나 재미없는 것은 학생들이 이해할 수 있지만 선생님들의 지식이 부족하다면 학생들도 이해할 수 없을 것입니다. "물이 고여 쌓인 것이 깊지 않으면 큰 배를 띄울 수 없다"고 하였습니다. (2014년 9월 9일, 베이징 사범대학 교수 및 학생대표와의 좌담회에서의 시진핑의 연설에서)

  ※ 어떤 일을 하든지 기본기가 잘 쌓여 있어야 큰 성취를 이룰 수 있음을 강조하는 말로 사용된다. 특히 학문을 함에 있어서 깊은 지식 연마를 강조할 때도 많이 사용된다.

yǐ tiān xià zhī mù shì　　　zé wú bú jiàn yě

以天下之目视，则无不见也；

yǐ tiān xià zhī ěr tīng　　　zé wú bù wén yě

以天下之耳听，则无不闻也；

yǐ tiān xià zhī xīn lǜ　　　zé wú bù zhī yě

以天下之心虑，则无不知也。

세상 사람의 눈으로 보면 보지 못할 게 없다.

세상 사람의 귀로 들으면 듣지 못할 게 없다.

세상 사람의 마음으로 생각하면 알지 못할 게 없다.

출전: 관중(管仲),『관자 · 구수(管子 · 九守)』

원문

我们要切实落实推进协商民主广泛多层制度化发展这一战略任务。面向未来，发展好各项事业，巩固国家安定团结的政治局面，促进政党关系、民族关系、宗教关系、阶层关系、海内外同胞关系和谐发展，一个很重要的条件就是必须通过民主集中制的办法，广开言路，博采众谋，动员大家一起来想、一起来干。正所谓"以天下之目视，则无不见也；以天下之耳听，则无不闻也；以天下之心虑，则无不知也"。(在2014年9月21日，习近平在庆祝中国人民政治协商会议成立65周年大会上的讲话)

번역

우리는 협상민주(숙의/심의 민주주의)의 포괄적 · 다층적 · 제도적 발전이라는 전략적 과제를 적극 추진 및 실현해야 할 것입니다. 향후 모든 사업의 발전과 국가의 안정 및 통합을 이루는 정치적 국면 확립, 정당·민족·종교·계층·국내외 동포 간의 조화로운 발전 촉진 등을 이루기 위한 중요한 조건은 바로 민주집중제의 방법을 사용해야 한다는 것입니다. 이를 통해 누구나 자신의 의견을 말하고 다양한 계획을 널리 수용하며, 모든 국민이 함께 생각하고 함께 행동하도록 해야 합니다. 이른바 "천하의 눈으로 보면 보지 못할 게 없고 천하의 귀로 들으면 듣지 못할 게 없으며 세상 사람의 마음으로 생각하면 알지 못할 게 없다"고 한 옛말처럼 말입니다. (2014년 9월 21일, 중국인민정치협상회의 창설 65주년 기념대회에서의 시진핑의 연설에서)

72

zhèng zhī suǒ xìng zài shùn mín xīn   zhèng zhī suǒ fèi zài nì mín xīn

政之所兴在顺民心, 政之所废在逆民心。

정치의 흥함은 민심에 순응함에 있고

정치의 쇠락은 민심에 역행함에 있다.

(민심을 따르면 정권이 흥성하고

민심을 거스르면 정권이 폐하게 된다.)

출전: 관중(管仲), 『관자·목민(管子·牧民)』

원문

"政之所兴在顺民心, 政之所废在逆民心。"一个政党, 一个政权, 其前途命运最终取决于人心向背。中国共产党、中华人民共和国的全部发展历程都告诉我们, 中国共产党、中华人民共和国之所以能够取得事业的成功, 靠的是始终保持同人民群众的血肉联系、代表最广大人民根本利益。如果脱离群众、失去人民拥护和支持, 最终也会走向失败。(2014年9月21日, 习近平在庆祝中国人民政治协商会议成立65周年大会上的讲话)

번역

'민심에 순응하면 정권이 흥하고, 민심에 역행하면 정권이 망하게 된다'고 하였습니다. 어떤 정당이나 정권의 운명과 앞날은 결국 민심의 향배에 달려 있습니다. 중국공산당과 중화인민공화국의 전체 발전 과정을 돌아볼 때 중국공산당과 중화인민공화국이 성공할 수 있었던 것은 결국 인민 대중과 밀접한 관계를 유지하면서 가장 많은 인민의 근본적 이익을 대변했기 때문입니다. 대중을 떠나서 인민의 지지를 잃는다면 결국 실패의 길로 갈 수밖에 없습니다. (2014년 9월 21일, 중국인민정치협상회의 창설 65주년 기념대회에서의 시진핑의 연설에서)

tóng xīn ér gòng jì   zhōng shǐ rú yī   cǐ jūn zǐ zhī péng yě
同心而共济，终始如一，此君子之朋也。

한마음으로 함께 이루어

처음과 끝이 한결같은 것이 군자의 우정이다.

출처: 구양수(歐陽修), 『붕당론(朋黨論)』

원문

"同心而共济，始终如一，此君子之朋也。" 我相信，在中澳双方共同努力下，中澳两国人民友谊完全能够跨越高山和大海，如同耸立在澳大利亚中部的乌鲁鲁巨岩一样不畏风雨、屹立长存，如同横亘在中国北方的万里长城一样绵延不断、世代相传。(2014年11月17日, 习近平在澳大利亚联邦会议上的演讲)

번역

'한마음으로 함께 이루어 처음과 끝이 한결같은 것이 군자의 우정이다'라고 하였습니다. 나는 중국과 호주의 노력으로 중–호주 양국 국민의 우정이 높은 산과 큰 바다를 넘을 수 있게 되었다고 믿습니다. 양국의 우정은 호주 중부에 우뚝 솟은 울루루의 에어즈락처럼 비바람을 두려워하지 않고 영원히 꿋꿋하게 서 있을 것이며, 중국 북부에 가로로 뻗어 있는 만리장성처럼 끊임없이 대대로 이어질 것입니다. (2014년 11월 17일, 호주

74

jì yǐ wéi rén   jǐ yù yǒu   jì yǐ yǔ rén   jǐ yù duō
既以为人，己愈有；既以与人，己愈多。

이미 남을 위해 썼지만 쓰면 쓸수록

더욱 가지게 되고, 이미 남에게 주었지만

주면 줄수록 더욱 많아진다.

출전: 『도덕경(道德經)』

원문

我们要做合作共赢、共同发展的好伙伴。"既以为人，己愈有；既以与人，己愈多。"当前，为实现中华民族伟大复兴的中国梦，中国人民正在坚定不移全面深化改革、全面推进依法治国，脚踏实地推进经济社会发展。岛国人民也在努力振兴民族经济和推进区域合作。双方完全能够将彼此发展战略对接起来，优势互补，互利共赢。(2014年11月21日，国家主席习近平在斐济《斐济时报》和《斐济太阳报》发表题为《永远做太平洋岛国人民的真诚朋友》的署名文章)

번역

우리는 협력상생과 공동발전의 좋은 동반자가 되어야 합니다. '남을 위해 쓰면 쓸수록 자기에게는 더욱더 많이 생기고, 남에게 주면 줄수록 자기에게는 더욱 많아진다'고 했습니다. 현재 중국 국민은 중화민족의 위대한 부흥이라는 '중국의 꿈'을 실현하기 위해 전면적인 개혁심화, 전면적인 의법치국, 경제사회 발전을 착실히 추진해 가고 있습니다. 태평양 제도의 국민도 민족경제 진흥과 지역협력을 추진하기 위해 노력하고 있습니다. 양측이 서로의 발전전략을 연계시킴으로써 상호 보완적 관계에서 호혜상생을 이룰 수 있을 것입니다. (2014년 11월 21일, 피지 언론에 대한 시진핑의 기고문 「태평양 제도 국민의 진정한 친구가 되고자」에서)

75

ān ér bú wàng wēi　cún ér bú wàng wáng　zhì ér bú wàng luàn
安而不忘危，存而不忘亡，治而不忘乱。

편안할 때 위태로움을 잊지 않고

생존해 있을 때 멸망의 위기를 기억하고

통치하고 있을 때 혼란의 위험을 잊지 않는다.

출전: 『주역 · 계사하(周易 · 系辭下)』

원문

当前，我国公共安全形势总体是好的。同时，我们要安而不忘危、治而不忘乱，增强忧患意识和责任意识，始终保持高度警觉，任何时候都不能麻痹大意。维护公共安全，要坚持问题导向，从人民群众反映最强烈的问题入手，高度重视并切实解决公共安全面临的一些突出矛盾和问题，着力补齐短板、堵塞漏洞、消除隐患，着力抓重点、抓关键、抓薄弱环节，不断提高公共安全水平。(2015年5月29日，习近平在健全公共安全体系进行第二十三次集体学习上的讲话)

번역

오늘날 중국의 공공안전 상황은 전반적으로 양호합니다만, 우리는 또한 '편안할 때 위태로움을 잊지 않고, 통치하면서 혼란의 위험을 잊지 않아야' 합니다. 유비무환의 정신과 책임감을 갖고 언제나 높은 경각심을 유지하면서 절대로 방심해서는 안 될 것입니다. 공공의 안전을 수호하기 위해서는 문제 중심으로 국민이 강하게 반응하는 문제부터 공공의 안전에 직결된 핵심적 갈등과 문제들을 확실하게 해결해야 합니다. 부족한 부분과 소홀한 부분들을 보완하고, 잠재적인 문제를 해결하여 중점적이고 핵심적인 문제와 취약한 고리들을 중심으로 공공의 안전 수준이 향상될 수 있도록 지속적으로 노력해야 합니다. (2015년 5월 29일, 공공안전 시스템 건전화에 관한 23차 집체학습에서의 시진핑의 연설에서)

76

mǐ bù yǒu chū　xiǎn kè yǒu zhōng

靡不有初，鲜克有终。

처음은 누구나 노력하지만 끝까지 계속하는 사람은 드물다.

출전: 『시경(詩經)』

원문

"靡不有初, 鲜克有终。"实现中华民族伟大复兴, 需要一代又一代人为之努力。中华民族创造了具有5000多年历史的灿烂文明, 也一定能够创造出更加灿烂的明天。(2015年9月3日, 习近平在中国人民抗日战争暨世界反法西斯战争胜利70周年纪念大会上的讲话)

번역

'처음은 누구나 노력하지만 끝까지 계속하는 사람은 드물다'고 합니다. 중화민족의 위대한 부흥을 위해서는 한 세대, 또 그 다음 세대의 노력이 필요합니다. 5천 년의 찬란한 문명의 역사를 만들어 낸 중화민족은 찬란한 내일도 만들어 낼 수 있을 것입니다. (2015년 9월 3일, 중국인민항일전쟁 및 세계 반파시스트전쟁 승리 70주년 기념대회에서의 시진핑의 연설에서)

제 3 장

유행어편

제3장
유행어편

01

zhèng néng liàng
正 能 量

긍정의 에너지

해석

스티븐 호킹이 『시간의 역사(A Brief History of Time)』에서 사용한 물리학 용어 '양의 에너지(Positive Energy)'를 번역한 것으로, 건강하고 낙관적이며 적극적이고 진취적인 동력과 감정을 말한다. "正能量"이 유행하게 된 것은 영국의 심리학자 리처드 와이즈먼(Richard Wiseman)이 쓴 『Rip It Up(립잇업)』의 중문판 제목으로 사용되면서부터이다. 이 책에서는 인체를 에너지의 장(場)으로 비유하고, 사람들이 잠재력을 활성화함으로써 새로운 자아가 나타나고 더욱 자신감 있으며 활력이 넘치게 된다고 말한다. 오늘날 '긍정의 에너지'는 건강하고 적극적인 것, 사람들을 분발시키고 진취적으로 만들게 하는 것, 사람들에게 힘을 주는 희망 가득한 모든 대상을 가리킨다.

예문

要发挥各方面英模人物的榜样作用，大力激发社会正能量，为实现"中国梦"提供强大精神动力。(2013年3月16日，习近平参加十二届全国人大一次会议辽宁代表团的审议。)

번역

각 방면의 영웅적이고 모범적인 인물에 대한 귀감을 발휘하여 사회의 긍정적 에너지를 적극 촉진합니다. 이로써 '중국의 꿈'을 실현하는 데에 강력한 정신적 동력을 제공합니다. (2013년 3월 16일, 제12기 전인대 제1차회의 랴오닝대표단 심의 회의에서의 시진핑의 발언에서)

02

yuán fāng   nǐ zěn me kàn
元芳，你怎么看？
위안팡, 자네는 어떻게 생각하는가?

해석

TV 연속극 『명탐정 디런제(狄仁傑)』에서 나온 대사이다. 디런제는 사건이 미궁에 빠질 때마다 조수 리위안팡(李元芳)에게 "위안팡, 자네는 어떻게 생각하는가?"라고 묻는다. 이때마다 리위안팡은 "나리, 어딘가 수상합니다. 분명 배후에 엄청난 음모가 있을 겁니다"라고 대답한다. 이 말이 유행하게 된 것은 인터넷상의 사건 때문이다. 취엔저우(泉州)에서 한 소녀가 토막 살해된 뒤 고층에서 유기됐다고 의심되는 사건이 발생했다. 경찰 측은 이를 자살로 간주했다. 그러자 한 네티즌이 사건의 배후가 수상하다는 의미에서 '위안팡, 자네는 어떻게 생각하는가?'라는 말을 패러디했다. 이후 이 말이 빠르게 유행했고, 사람들은 의혹과 조롱의 의미 또는 견해를 묻는 식으로 사용하고 있다.

예문

"我现在还没有找到工作，元芳，你怎么看？"，"大人，此事必有蹊跷。"

번역

"나 아직 일을 못 구했는데, 위안팡 자네는 어떻게 생각하는가?", "나리, 이 일은 뭔가 수상합니다."

03

shé jiān shàng
舌尖上

혀끝의

해석

2012년 CCTV 다큐멘터리 『혀끝의 중국(舌尖上的中國)』은 중국 각지의 맛있는 음식세계와 다양한 음식문화를 소개하여 큰 인기를 끌었다. 이후 '혀끝'이라는 표현이 크게 주목받아 음식문화를 지칭하는 대명사가 되었고, 이와 관련된 내용까지 함축적으로 포괄하게 되었다. 예컨대 '혀끝의 중국'은 중국의 음식문화, '혀끝의 즐거움'은 미식의 즐거움, '혀끝의 사랑'은 음식과 관계있는 애정생활을 가리킨다.

예문

要把农产品质量安全作为转变农业发展方式、加快现代农业建设的关键环节，用最严谨的标准、最严格的监管、最严厉的处罚、最严肃的问责，确保广大人民群众"舌尖上的安全"。(2013年12月23日至24日，习近平在中央农村工作会议上的讲话)

번역

농산물 품질 안전은 농업 발전 방식의 전환과 농업 현대화의 핵심 부분을 가속화하는 데 있어서, 가장 엄격한 기준과 가장 엄격한 감독, 가장 엄격한 처벌, 가장 엄중한 문책을 통해 국민의 '혀끝의 안전(식품 안전)'을 지켜야 할 것입니다. (2013년 12월 23~24일, 중앙 농촌공작회의에서의 시진핑의 발언에서)

tǎng zhe yě zhòng qiāng

躺着也中枪

괜한 불똥이 튀다.

(누워 있어도 총 맞는다.)

해석

아무런 이유도 없이 사건에 연루되거나 휘말리게 된 것을 의미한다. 주성치의 영화 『도학위룡(逃學威龍)』에서 한 인물이 총격전 속에서 죽은 척하다가 상대방이 실수로 바닥에 쏜 총알에 맞자 '젠장! 누워 있어도 총에 맞다니!'라고 말한 데서 유래했다. 흔히 괜한 (가만히 있어도 억울하게) 비난을 받을 때 사용되며, '躺枪', '躺中', '中枪' 등 준말 형식으로 쓰이기도 한다.

예문

"最近手机上网越来越方便, 年轻人都变成了低头族。"

"躺枪, 我就不用手机上网。"

번역

"요즘 휴대폰으로 인터넷 하는 게 편해지니 젊은 사람들이 모두 수그리족이 됐군!"

"뭐야(왜 괜한 내게 불똥이 튀는 거지)! 난 절대 휴대폰으로 인터넷 안 하는데."

05

gāo fù shuài   bái fù měi

高富帅, 白富美

백마 탄 왕자, 백설공주

해석

'高富帅'와 '白富美'(키 크고 돈 많은 미남과 피부 하얗고 돈 많은 미녀)는 배우자를 선택하는 데 있어 가장 좋은 조건을 가진 남자와 여자를 말한다. 원래는 네티즌들 사이에서 청춘 멜로물(靑春偶像劇)과 일본 애니메이션 남녀 주인공의 특징을 표현한 것으로 쓰였으며, 동화 같은 사랑에 대한 부러움의 의미를 담고 있다. '高富帅'과 '白富美'는 이미 일상생활에서 인기 있는 유행어가 되었다.

예문

"她的男朋友是个高富帅。"

"一个是白富美, 一个是高富帅, 真让人羡慕啊!"

번역

"쟤 남자친구는 백마 탄 왕자야!"

"백설공주와 백마 탄 왕자라니, 정말 부럽다!"

06

zhōng guó shì

中国式

중국식

해석

'中国式'이라는 표현은 왕하이링(王海鴒)의 소설『중국식 이혼』에서 처음 나왔다. 이후 드라마화 되고 인기를 끌자 '中国式 XX' 등의 표현들이 생겨났다. 여기에 2012년 한 네티즌이 '중국식 길 건너기'는 '신호등과 관계 없이 한 무리의 사람이 모이면 길을 건널 수 있다'고 한 후, '중국식'이라 는 말이 폭발적으로 증가했다. 이후 매체에서는 익살스러움 속에 자조와 회의 섞인 어조로, 중국 혹은 중국사회 문제를 논평하는 기사들이 대거 출현하기도 했다. 예로 '중국식 XX', '중국식 맞선', '중국식 새치기' 등을 들 수 있다.

예문

"中国式教育存在很多的问题，所以越来越多的家长都把自己的孩子送到国外去读书。"

"중국식 교육에는 많은 문제가 있어 많은 학부모들이 아이들을 외국으로
유학 보내고 있다."

07

yā   lì shān dà
压力山大
산더미 같은 스트레스

해석

스트레스가 엄청나게 쌓여 있다는 뜻이다. '压力山大'는 알렉산더 대왕
의 이름이기도 한 '알렉산더(亞歷山大)'에서 파생된 말이다. '压力'는 해음
(諧音, 동음이철어)이고, '山大'은 은유이다. '压力山大'라는 말이 나온 후
사람들에게 널리 사용되었는데, 발음이 입에 붙고 듣기 편하며 유머감이
넘치기 때문이다. 이후 나온 '鸭梨(허베이성에서 생산하는 배의 일종)山大'
는 더욱 재미있게 회자되었다.

예문

"临近期末考试了，书还一点儿没看，真是亚历山大啊！"

번역

"기말시험이 코앞인데 공부를 전혀 안 했네. 스트레스가 엄청나군!"

08

zàn

赞

짱, 좋아요.

해석

먼저 인터넷에서 유행한 뒤 대중매체에 흘러들었다. 동사와 형용사 두 가지 용법이 있다. 동사의 '赞'은 여러 2음절 단어를 대신할 수 있다. '칭찬', '찬양', '찬탄', '찬동', '동의' 등이다. 형용사의 '赞'은 '좋다'는 뜻이다. 유래는 대만과 오방언(吳方言) 지역(장쑤성 남부, 저장성 대부분과 상하이 지역)이라는 설이 있다. 예로 대만의 한 신문사가 뽑은 '대만의 2011년도 한자'가 '赞'자였다. 오방언 지역에서도 줄곧 '赞'을 '좋다'는 의미로 사용했다. 상하이 말 속의 '蛮赞'은 '매우 좋다'는 의미를 가지고 있기도 하다.

예문

"她的钢琴演奏真是太赞了!"

"그녀의 피아노 연주는 정말 짱이다!"

09

zui měi
最美 + 신분

가장 아름다운 + 신분

해석

'最美丽'의 줄임말이다. 이 말은 '가장 아름다운 + 신분'이란 새로운 조합으로서 인물에 대한 미칭(美稱)으로 사용되며, 2012년도 중국을 감동시킨 새로운 역량들을 표현하고 있다. 이러한 단어의 조합이 처음 유행하게 된 것은 '가장 아름다운 어머니'이다. 2011년 2살 여아가 10층에서 떨어지자 아래층 주민 우쥐핑(吳菊萍)이 달려가 왼팔로 아이를 붙잡았다. 아이는 무사했지만 우쥐핑은 왼쪽 팔에 분쇄형 골절상을 입었고, 사람들은 우쥐핑을 '가장 아름다운 어머니'라고 칭송했다. 이후 각종 '가장 아름다운'이란 칭호가 잇따라 출현했다. 예컨대 '가장 아름다운 운전기사 우빈(吳斌)', '가장 아름다운 전사 가오톄청(高鐵成)', '가장 아름다운 여법관 허우리(後莉)' 등이다.

"最美教师张丽莉。"

"가장 아름다운 교사 장리리."

10

jiē dì qì

接地气

서민 친화적, 현장 밀착형

해석

본래 뜻은 '땅의 기운을 받다'이다. 흔히 어느 지역의 기후와 환경에 적
응하지 못한다고 말하는데, 그것은 땅의 기운을 받지 못해서다. '땅의 기
운을 받다'에서 '땅'은 서민 생활을 비유한 것이다. 따라서 '땅의 기운을
받다'는 '서민의 현실에 밀착하여', '서민의 실제 삶의 감정을 반영한다'는
뜻이 된다. 모옌(莫言)의 소설은 '땅의 기운을 받은' 전형이라고 평가되고
있다. 공산당원 간부가 '땅의 기운을 받는 것'은 기층사회에 깊이 들어가
민중의 고락, 소망, 필요를 이해하는 것이다.

"把顺应群众关切期盼，研究解决重大问题作为今年工作重点，努力使报告 '接地气'、聚民智、增信心。"(2014年1月23日，李克强在国务院第二次 全体会议中的讲话)

번역

민중의 관심과 기대에 부응하는 것, 중대한 문제에 대한 대안 모색을 올 해 업무의 중점사항으로 삼는다. 업무 보고서는 '현실을 잘 반영하고, 국 민의 지혜를 잘 모으며, 자신감을 높일 수' 있도록 노력해야 한다. (2014 년 1월 23일 국무원 제2차 전체회의에서 리커창의 발언)

11

tǔ háo   wǒ men zuò péng yǒu ba
土豪，我们做朋友吧！

부자친구, 우리 친하게 지내자!

해석

부자(토호)란 돈만 많은 사람, 돈 많고 자랑하기 좋아하는 사람, 특히 가 난한 척하면서 자신의 부를 자랑하는 사람을 가리킨다. '부자친구, 우리 친하게 지내자!'는 부자의 친구가 되어 부자의 돈을 대신 쓰겠다는 뜻이 다. 이전에 네티즌들이 서로 자신을 '루저(댜오쓰, 屌絲)'라고 지칭한 것처럼, '부자친구, 우리 친하게 지내자!'는 부자에 대한 부러움과 시기심, 부자가 될 수 없는 자신의 현실을 자조적으로 표현한 말이다. 2013년 웨이보(微博, Microblog)에서 '부자(토호)와 친구되기', '부자(토호)를 위한 시 쓰기'가 유행했고, 여러 만화가와 네티즌들의 부자(토호) 관련 창작은 한동안 중국 전역에서 큰 화제가 되었다.

예문

"刚买了张去首尔的机票，经济舱都没位子了，就买了个头等舱的位子。"
"土豪，我们做朋友吧！"

번역

"방금 서울행 항공권을 샀는데, 이코노미석은 자리가 없어 1등석을 샀어.", "부자친구, 우리 친하게 지내자!"

12

wǒ hé wǒ de xiǎo huǒ bàn men dōu jīng dāi le
我和我的小伙伴们都惊呆了

나와 우리 친구들 모두 깜짝 놀랐다.

해석

이 말은 한 초등학생의 글에서 나왔다. 이 학생은 기상천외한 상상력으로 단오절의 유래를 설명하고 마지막에 "나와 우리 꼬마친구들은 모두 깜짝 놀랐다"라고 맺는다. 이 말이 크게 유행하게 된 것은 중국판 레이지 코믹(rage comic) 〈폭주만화(暴走漫畫)〉 사이트에서 제작한 토크쇼 〈폭주 대사건(暴走大事件)〉부터이다. 토크쇼의 사회자가 화제의 사건들을 소개하고 여러 차례 '나와 우리 꼬마친구들은 모두 깜짝 놀랐다'며 놀라움과 풍자를 드러냈기 때문이다. 이 〈폭주만화〉의 영향력을 타고, '나와 우리 꼬마친구들은 모두 깜짝 놀랐다'는 인터넷 유행어로 빠르게 전파되었다. 이 말은 어떤 사건에 대해 불가사의한 느낌, 놀라움, 풍자를 나타내며, '小伙伴'은 원래 뜻인 '꼬마친구'보다는 '친구'를 가리킨다.

예문

"听说明天最低气温零下30度，我和我的小伙伴都惊呆了。"

번역

"내일 최저 기온이 영하 30도라고 해서 나와 우리 친구들은 모두 깜짝 놀랐다."

13

gǎn jué bú huì zài ài le
感觉不会再爱了

죽을 것 같다.

(다시는 사랑하지 못할 것 같다.)

해석

이 말은 더우반닷컴(豆瓣)에 올린 13세 네티즌의 일기에서 유래했다. 원래는 실연 후의 우울한 심정을 표현한 것이지만, 이후 작은 실패나 어려움에 부딪쳐 불평할 때도 사용되고 있다. 일이 잘 풀리지 않아 심신이 고단할 때 정말 힘들다는 표현으로 쓰인다.

예문

"这部电影里我最喜欢的男主人公死了，感觉不会再爱了。"

번역

"이 영화에서 내가 가장 좋아하는 남자 주인공이 죽다니, 정말 살기 싫다."

14

gāo duān dà qì shàng dàng cì   gāo dà shàng
高端大气上档次 (高大上)

럭셔리하고 크고 고급스러운, 격이 다른

해석

이 말은 드라마 『무림외전(武林外傳)』에서 손님이 주방장에게 '럭셔리하고 크고 고급스러운' 월병을 제작하도록 주문한 데서 유래했다. 최근 들어 이 표현은 격이 다르다거나 차원이 높다는 의미에서 널리 사용되기 시작하였고 점차 줄임말인 '高大上'이 크게 유행하였다. 사람이나 이벤트, 사물 등을 표현할 때 모두 널리 사용할 수 있다.

예문

"我第一次来这么高大上的餐厅吃饭。"

번역

"이렇게 럭셔리하고 훌륭한 고급 음식점에서 식사하는 것은 난생 처음이야."

15

nǚ hàn zi
女汉子
여장부

해석

여장부는 행동이나 기질이 남성적인 여성을 가리킨다. 일반적으로 보통의 여성이 갖추지 않고 있는 특징을 가지고 있다. 예컨대 언행이 거칠고 호탕하며, 사소한 일에 구애받지 않는다. 또한 독립적이고 고생을 두려워하지 않으며, 성미가 급하고 자신의 이미지를 그다지 신경 쓰지 않는다. 원래는 '여성스러운' 것에 반(反)하는 차별적 용어였지만 오늘날에는 중성적인 이미지의 단어가 되었다.

예문

"现代女性越来越独立，女汉子也越来越多了。"

번역

"현대 여성들은 점점 더 독립적인 면모를 보이고 있으며, 여장부들도 많아지고 있다."

16

dǐng céng shè jì
顶层设计

Top-level Design/총괄기획/상위전략

해석

2014년부터 중국 내에서 가장 핫하게 사용된 단어이다. 원래는 시스템 공학적 개념이었으나 정치적 의미가 더해져 널리 사용되고 있다. Top Level에서부터 시스템 각 레벨과 각 요소에 대한 전체 계획을 세우고 Top-down 방식으로 시스템을 설계함으로써 신속하고 효율적으로 시스템을 설계하는 것을 말한다. 공식 문서로는 12.5규획 문건에서 처음 사용된 이후 정치, 경제, 군사 등 각 분야에서 널리 사용되고 있다. 정치적으로는 정부가 미래지향적으로 포괄적인 장기 목표를 설정하여 대내외 정책을 총괄하고 발전 방향을 정하는 전반적인 전략관리를 말한다.

예문

摸着石头过河和加强顶层设计是辨证统一的，推进局部的阶段性改革开放要在加强顶层设计的前提下进行，加强顶层设计要在推进局部的阶段性改革开放的基础上来谋划。(2012年12月31日，习近平在十八届中央政治局就推进坚定不移推进改革开放进行第二次集体学习中的讲话)

번역

'돌다리도 두드려 보고 건너는' 실험적 방법과 총괄기획을 강화하는 것은 변증법적으로 통일되는 것이다. 총괄기획을 강화하는 전제에서 국부의 단계적 개혁개방을 추진해야 하며, 부분의 단계적 개혁개방 토대에서 총괄기획을 설계해야 한다. (2012년 12월 31일, 18기 중앙정치국 제2차 집체학습에서의 시진핑의 발언에서)

17

xīn cháng tài
新 常 态
신창타이, 뉴노멀

해석

영어 New Normal의 중국식 표현인 신창타이는 시진핑 집권 전후 널리 사용되기 시작하였다. 이는 2008년 세계 금융위기 이후 핌코의 회장이 서방의 지난한 경제 회복 과정에서 나타난 저성장, 고실업, 높은 부채 (혹은 저성장, 저소득, 저수익률의 신3저)가 이후 5~10년간 지속되며 새로운 '노멀'이 될 것임을 설명하면서 과거 3저 호황(저금리, 저유가, 저달러)에 빗대어 사용한 말이다. 중국에서도 시진핑 주석이 이제는 고속 성장이 아니라 중고속 성장이라는 신창타이에 적응해야 한다고 말하면서 널리 사용되기 시작하였으며 경제 분야 이외에도 널리 사용되고 있다.

예문

中国经济进入新常态，我们经济增速调整为今年预期增长7%左右，看起来增速是低了，实际上实现这个目标并不容易，因为中国的经济总量大了，已经超过了室外亿美元。(2015年3月15日，李克强在人民大会堂三楼金色大厅会见采访十二届全国人大三次会议中的中外记者并回答记者提出的问题)

번역

중국경제는 신창타이에 들어섰습니다. 올해 경제성장률은 7% 정도로 예상하고 조정했습니다. 성장률은 낮아졌지만, 사실 이 목표를 실현하는 것도 쉽지 않습니다. 중국의 경제 총량이 확대되어 이미 10조 달러를 넘었기 때문입니다. (2015년 3월 15일, 제12기 전인대 제3차회의 취재 중인 기

자 질문에 대한 리커창의 답변에서)

18

duàn yá shì
断崖式
산이 갈라지듯이/낭떠러지에서 추락하듯이/대몰락

해석

'断崖'는 원래 절벽 같은 곳이 갈라지는 것을 말하는데, 만약 이런 현상이 생긴다면 산 전체가 토사가 되어 밑으로 굴러 떨어지게 되므로 큰 재난이 생긴다. 이를 빗대어 맹렬한 속도와 큰 폭의 하강이 일어날 경우 断崖式(산이 갈라지듯이)을 사용한다.

예문

经济发展遭遇断崖式下跌。

번역

"경제성장률이 가파르게 하락하다."

nǐ dǒng de
你懂的

아시잖아요.

해석

인터넷 용어로, 2014년 3월 2일 정치협상회의 대변인이 저우용캉 처리에 대한 질문을 받고 "누구든, 지위 고하를 막론하고 당의 기율과 국법을 어겼다면 엄벌에 처해야 합니다. 오늘은 이렇게만 답변할 수밖에 없습니다. 아시잖아요."라고 답변한 데서 나왔다. 대변인의 유머에 그 자리에서는 한바탕 웃음이 터져 나왔고, 이후 다들 알고 있는 상황이거나 답하기 곤란한 경우에 "你懂的"라는 표현을 널리 사용하게 되었다.

예문

我们所说的不论是什么人不论其职位有多高只要是触犯了党纪国法，都要受到严肃的追查和严厉的惩处，绝不是一句空话。我只能回答成这样了，你懂的。 (2014年3月2日，全国政协十二届二次会议新闻发言人吕新回答《南华早报》记者提问周永康传闻)

당의 기율과 국가의 법을 위반하면 누구든 그 직위가 얼마나 높든 간에 모두 엄격한 추적조사와 엄벌을 받는다고 했는데, 이 말은 결코 빈말이 아닙니다. 저는 이 정도 대답밖에 드릴 수 없습니다. 아시잖습니까.(2014년 3월 2일, 전국정협 제12기 제2차 회의에서 『South China Morning Post』 기자의 저우융캉 스캔들 관련 질문에 대한 신문대변인 뤼신의 답변에서)

20

duàn shě lí
断舍离

단사리/버리기/비우기

해석

일본의 홈 카운슬러 야마시타 에이코(山下英子)의 책 『단사리(한국어 버전 출판명: 버림의 행복론)』에서 유행한 말이다. 야마시타 에이코는 이 책에서 거주 공간의 '비우기'를 통해 더 넓고 자유롭고 정돈된 공간을 만들어 스트레스를 해소하고 마음의 평안을 유지하라고 주장했다. 이 책이 베스트셀러가 되면서 '단사리'도 새로운 유행어가 되었다. 불필요한 것들과 단절하고 쓸 데 없이 들어찬 것들을 버리고 물적 집착에서 벗어나는 삶을 말한다. 인테리어 외에도 모든 분야에 널리 쓰이고 있다. '비우기' 혹은 '내려놓기' 등의 표현과 대응될 수 있을 것이다.

"都说搬家的时候要达到断舍离的境界，可是我还是什么都舍不得扔。"

번역

"이사할 때는 '단사리'의 경지에 이르러야 한다고들 하지만, 나는 뭐든 버리는 것이 너무 아깝다."

21

shén qì
神 器

신기의 물건(하이테크 제품)

해석

중국 고대 신화에 '10대 신기(神器)'라는 말이 나온다. 반고(盤古)가 천지를 열 때 하늘을 여는 도끼인 '개천부(開天斧)'를 사용한 바 있으며, 『회남자(淮南子)』에 따르면 태고 하늘에 4개의 기둥이 부러지자 대지가 갈라지고 화재와 홍수가 발생하며 맹수와 괴조(怪鳥)가 횡행하여 사람들을 괴롭혔는데, 이때 여와(女媧)가 5색으로 빛나는 돌 '보천석(補天石)'을 녹여 하늘의 구멍 뚫린 부분을 메웠다(女媧補天)는 이야기도 전해진다. 이러한 개천부나 보천석 등을 신기(神器)라고 하는데, 놀라운 기능을 가진 첨단 기술에 대해서도 그 신기함을 강조할 때 '신기(神器)'라는 말을 쓰기 시작하였고 지금은 전 사회적으로 널리 사용되고 있다.

예문

"这个APP简直就是设计师的神器。"

번역

"이것이야말로 디자이너를 위한 만능 어플리케이션이다."

22

méng méng dā
萌 萌 哒

멍멍다.(귀여워 죽겠다.)

해석

인터넷 용어인데 '매우 귀엽다'는 뜻으로 사용된다. "今天没吃药, 感觉
自己萌萌哒!(懵懵的, 头昏昏/약 먹어야겠다. 오늘 내가 왜 이렇게 예뻐 보이
지?)"라는 한 네티즌의 말이 인터넷에서 퍼지면서 사용되었다. 일본 애
니메이션에서 유래한 인터넷 유행어 '么么哒'의 뜻으로도 같이 사용된
다. 'XX, 么么哒'처럼 어떤 사람 혹은 사물 뒤에 붙여서 친근함을 표시
하거나 'XX, 완전 반했어요!' 등의 뜻으로 쓰인다.

예문

"南京新街口一处消防栓'变身'卡通形象，萌萌哒模样吸引过往市民的目光。"(2016年1月13日，光明网)

번역

"난징시 신제커우 소방전의 변신, 귀여운 만화캐릭터에 시민들의 이목 집중"(2016년 1월 13일, 광명망)

23

Hold住
zhù

침착하자.

해석

'hold住'는 광동어에서 '조심하다/모든 것을 잘 통제하고 침착하게 대응하다'라는 뜻으로 쓰이던 영어와 중국어의 혼합어였다. 그런데 2011년 타이완의 TV 예능 프로그램 "대학생입니까(大學生了沒)?"에서 'Miss Lin'이라는 닉네임의 출연자가 매우 가식적인 영어로 이상하게 몸을 흔들며 요염한 자태로 대학생들에게 패션이 뭐라고 생각하는지 인터뷰하였다. 그녀는 우스꽝스럽고 과장된 모습으로 시청자들에게 주목을 받았는데 언제나 입버릇처럼 '모든 장면에 hold住해야 돼'라고 말했다. 예를 들면

해변 파티에서 겉옷 위에 비키니를 덧입고 갔는데 청나라식 파티인 것을 발견하고는 비키니를 머리 장식처럼 쓰고 진행하면서 '모든 상황에서 hold住해야 돼(침착해야 돼)'라고 말하는 식이다. 이 말이 크게 인기를 끌면서 일상생활에서도 많이 사용되었다.

예문

"人的情绪和心态会影响到胃病、十二指肠溃疡等症。因此要保持开朗、愉快的心情，hold住胃部。"(2016年1月22日，邯郸新闻网)

번역

"사람의 정서와 심리상태는 위장병, 십이지장궤양 등 질환에 영향을 준다. 명랑하고 유쾌한 기분으로 위장을 지켜내자."(2016년 1월 22일, 한단신문망)

24

shāng bù qǐ
伤不起

힘들다.(고생이 많아.)

해석

伤不起는 한 네티즌이 '学法语的人你伤不起啊'라는 제목으로 프랑스어 배우기가 너무 어렵다고 한탄하는 글을 올리면서 시작되었다. 이 글이 중국의 소셜 네트워크인 douban(豆瓣)과 xiaonei(校内) 등에서 빠르게 퍼져 나가면서 비슷하게 자기 전공이 얼마나 어려운지 토로하는 모방글들이 올라오면서 크게 유행하기 시작했다.

예문

"原油惨跌伤不起, 俄罗斯要靠卖家当度难关。"(2016年1月20日, 搜狐网)

번역

"유가 폭락으로 힘든 러시아, 고비 넘기기 위해 가산 팔아야(국유재산 매각) 할 처지"(2016년 1월 20일, sohu)

25

yǒu mù yǒu

有木有 (= 有没有)

안 그런가요?

해석

자신의 일이나 전공이 얼마나 힘든지 토로하는 유사한 문체의 글(포효체, 咆哮體)들이 크게 유행하면서, 마지막에 감정을 담아 동의를 구하기 위해 중국어 표준어의 "有没有"의 변형인 "有木有"를 덧붙여 쓰기 시작하였다.

"空气质量达标天不足50%的有木有你的城市?"(2015年12月16日, 搜狐网)

번역

"당신이 살고 있는 도시, 대기질 기준치 충족 일수가 50% 미만입니까?"(2015년 12월 16일, sohu)

26

kēng diē

坑爹

속았다! / 망했다! / 헐!

해석

게임에서 '속았다' 혹은 '배신당했다'는 뜻으로 많이 쓰인 용어로, 불만을 토로하거나 속은 것에 대한 억울함을 나타내는 의미이다(비슷한 의미로 坑人이나 無語로도 사용된다). 爹는 아버지라는 뜻이지만 인터넷에서는 '爹'가 '나'를 지칭하는 경우로 많이 쓰여 자신이 속았다는 의미를 가지고 있다. 경우에 따라서는 '这广告太坑爹了, 哈哈!(이 광고 정말 기발하군, 하하!)'처럼 긍정적인 의미로도 쓰이기도 한다.

예문

"信用卡收费哪家银行最坑爹？办了这些卡的小心啦。"(2016年1月12日,
东方财富网)

번역

"어느 은행사의 신용카드가 가장 많은 바가지 수수료를 부과할까? 이런
카드 신청했다면 조심해야"(2015년 1월 12일, 동방재부망)

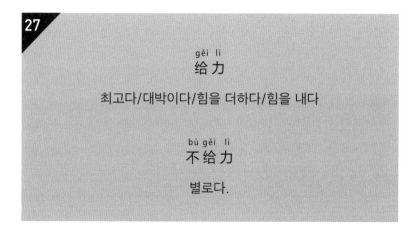

해석

원래는 '도움이 된다/체면을 살리다' 등의 의미를 가지는 방언이었다. 서
유기 만화에 "这就是天竺吗，不给力啊老湿。"라는 대사가 나오면서 널리
사용되었고, 2010년 월드컵 당시 인터넷에서 유행하면서 인민일보 기사
제목에도 사용되는 등 널리 유행하였다. 생각보다 좋을 때 많이 사용된

다. 간혹 글자 그대로 '힘을 내다'의 뜻으로 사용하는 사람들도 있다. 지금은 한국 박근혜 정부의 통일대박론을 '统一大给力'로 번역하기도 한다.

예문

"寒潮来袭, 部分市民家中暖气不给力。"(2016年1月21日, 德州新闻网)

번역

"한파 기습, 일부 주택의 난방시설 신통치 않아"(2016년 1월 21일, 더저우신문망)

28
ni xí
逆袭

역습(인터넷 용어)

해석

일본 영화와 애니메이션의 영향으로 일본어의 '역습(ぎゃくしゅう)'이 그대로 수용된 경우이다. 온라인 게임에서 널리 사용된다.

예문

"中国化妆品市场破2000亿, 本土品牌'逆袭'势头明显。"(2016年1月21日, 新华网)

번역

"중국 화장품 시장 2,000억 돌파, 본토 브랜드의 '역습' 기세 뚜렷"(2016년 1월 21일, 신화망)

29

qián fāng gāo néng

前方高能

전방에 높은 에너지!

해석

건담 시리즈에서 처음 사용되었다. 일본 애니메이션이나 게임 등 탄막(단마쿠 게임) 사이트의 탄막에서는 '前方高能(전방에 높은 에너지 탐지!)' 같은 탄막을 통해 영상이 격렬한 내용이나 장면으로 바뀔 것을 예고한다. 원래는 '前方高能反应, 非战斗人员迅速撤退(전방에 높은 에너지 탐지! 비전투 요원들은 신속히 소개하라!)'인데 유행하면서 '前方高能(전방에 높은 에너지 탐지!)'으로만 사용되기 시작하였다. 게임 등에서 앞으로의 전개에 큰 변화가 있음을 알려주기 때문에 일종의 '스포일러' 역할을 한다. '前方

核能' 등으로 변용되어 사용되기도 한다.

예문

"前方高能预警，13亿股民请注意，肖钢明日或发表长篇讲话。"(2016年1月15日，搜狐证券)

번역

"주의경보, 1억 3천만 주식투자자 주목! 샤오강 증권감독관리위원회 주석 아마도 내일 장편의 담화 발표"(2016년 1월 15일, sohu증권)

30

wǒ yě shì zuì le
我也是醉了

할 말이 없다.(나도 모르겠다.)

해석

게임방송 등에서 사용되다가 인터넷 댓글 등으로 널리 퍼지기 시작했다. 답답하거나 어쩔 수 없는 심경 등을 나타낼 때 혹은 어이가 없을 때 사용하는 인터넷 용어로, '나도 취했나 보다[무슨 말(상황)인지 모르겠네].' 의 의미에서 출발했다고 볼 수 있다. '无语', '无法理解', '无力吐槽' 등으로 대신 사용되기도 한다. 많은 경우 '我也是醉了, 也是不多说'로 고정적으로 사용되는데, 앞에서 자신의 의견을 피력한 이후 마지막에 이 문장으로 정리하고는 한다. '我虽然还是这么认为的，但也许我的意见是不对的(내 생각은 이렇지만 물론 내 생각이 틀릴 수도 있을 것이다)'의 의미로 볼 수 있다.

예문

"高温！降雨！天津未来几天的天也是醉了。"(2016年7月10日，搜狐网)

번역

"폭염에 비까지! 요 며칠 텐진 날씨는 답이 없겠네(우울하겠네)!"(2016년 7월 10일, sohu)

31

xiàn zài wèn tí lái le
现在问题来了

이제 문제가 생겼네.

해석

산동 란샹기술학교 교장이 본인의 이혼 문제로 교직원을 이끌고 허난성 상치우까지 가서 장인을 비롯한 처가 식구들과 격투를 벌였던 사건이 알려지자, 90년대 란샹기술학교의 TV 광고 문구가 다시 유행하게 되었다.

90년대 모두에게 익숙하던 '挖掘机，哪家强？中国山东找蓝翔(굴착기, 어디가 최고죠? 산동의 란샹을 찾으세요)'라는 카피에서 '那么现在问题来了，XXXX哪家强？' 란 말이 다시 유행하게 된 것이다. '那么现在问题来了' 뒤에 자기가 묻고 싶은 말을 붙이거나 자신의 강점을 자랑할 때 'XXXX哪家强？'처럼 사용하기도 한다.

예문

"继两年前放开贷款利率下限后，上周五中国央行把存款利率上限也放开了，那么问题来了，接下来中国的基准率利率是什么？"(2015年10月27日，华尔街见闻)

번역

"2년 전 대출금리 하한선 폐지 이후, 지난 금요일 중국중앙은행은 예금금리 상한선도 폐지했다. 이제부터가 진짜 중요한 문제다. 앞으로 중국의 기준금리는 어떻게 될 것인가?"(2015년 10월 27일, 월스트리트저널)

32

yǒu qián   jiù shì rèn xìng
有钱 ， 就 是 任性

돈이 많으면 이렇게 제멋대로인가?

(돈 많다고 이럴 수가)

보이스피싱이라는 것을 알면서도 어디까지 속일 수 있는지 보려고 사기
단에게 계속 돈을 부쳐 주었던 사건이 알려지자, 이 소식을 접한 중국 네
티즌들이 이를 조롱하면서 널리 유행하기 시작했다. '有钱任性'이나 '别
问为什么有钱任性' 등으로 쓰기도 하며, '成绩好就是任性'이나 '年轻就
是任性' 등으로 다양하게 활용되기도 한다.

예문

"大道至简, 有权不可任性。" (2015年3月5日, 李克强在第十二届全国人民
代表大会上的政府工作报告)

번역

"큰 도리는 지극히 간명하다. 권세가 있다고 제멋대로 해서는 안 됩니
다." (2015년 3월 5일, 제12기 전인대 제3차회의 정부공작보고회의에서 리커창
의 보고)

33

yě shì mán pīn de

也是蛮拼的

나름(진짜) 열심이다.

해석

구어에서 많이 사용되는 말로, 중국판 『아빠 어디가? 2』에서 출연자 차오거(曹格)가 자주 사용하면서 널리 유행하기 시작했다.

예문

"漫山大雪，电力工人也是蛮拼的。"(2016年1月22日，杭州网)

번역

"폭설로 뒤덮인 산, 전기 기술자들도 진짜 열심이다"(2016년 1월 22일, 항저우항)

34

nǐ jiā lǐ rén zhī dào ma
你家里人知道吗？

너희 식구들도 알아?

해석

인터넷 카페에서 뉴스를 보던 네티즌이 '你在这这么屌，你家里人知道吗(이런 X같이, 니네 식구들도 아냐?)'라는 말을 사용하면서 빠르게 유행하게 되었다.

예문

"期末考你这么刻苦，你家里人知道吗？"(2014年1月17日，凤凰网)

번역

"네가 기말고사 때문에 이렇게 힘들어 하는지 너희 식구들도 아니?"

(2014년 1월 17일, 봉황망)

35

bù zuō jiù bú huì sǐ

不作就不会死 (No zuo no die)

(어리석은 짓을) 하지 않으면 다치진 않는다.

해석

'No zuo no die'는 중국식 영어 표현이라고 할 수 있다. 여기에서 'zuo/作'
는 (일부러) 어리석은 짓을 한다는 의미로, '不作死就不会死'는 바보 같은
짓을 하지 않으면 적어도 손해 보지는 않을 것이라는 의미이다. 애니메
이션 건담 시리즈에서 주인공이 '약자가 왜 전투를 해야 해?', '반항하지
않으면 죽지는 않을 거야. 왜 모르는 거야?'라고 했던 대사가 유행하면
서 '不作死就不会死'로 변형되었다.

"小伙醉驾飙车身亡, 网友: 真是no zuo no die。"(2015年12月10日, 南方网)

번역

"젊은이가 음주 후 과속운전으로 사망. 네티즌: 화를 자초했군"(2015년 12월 10일, 남방망)

36

qiě xíng qiě zhēn xī
且 行 且 珍 惜
서로의 사랑이 생긴 것을 소중하게 생각해야 한다.

해석

2014년 3월 중국의 유명 연예인이자 유부남인 원장(文章)의 불륜 스캔들이 파파라치에 의해 보도되자, 당사자인 원장이 이를 시인하고 사과문을 인터넷에 올렸다. 이에 그의 부인 마이리(馬伊琍)가 바로 자신의 웨이보에 '恋爱虽易, 婚姻不易, 且行且珍惜(연애는 쉽지만 결혼은 어려운 것. 서로의 사랑을 소중히 생각해요)'라는 글을 올리면서 인터넷을 뜨겁게 달구었다. 이는 원래 '相离莫相忘, 且行且珍惜'라는 구절에서 온 것으로 '서로 멀리 떨어져 있더라도 서로의 사랑을 잊지 말자. 우리가 서로 사랑하게 되었으니 우리의 감정을 소중히 생각해야 한다'라는 의미이다.

예문

"西方解除伊朗制裁，伊朗且行且珍惜。"(2016年1月18日，搜狐网)

번역

"서방 국가 이란 제재 해제, 이란 어렵게 이룬 결과 소중히 여겨야."
(2016년 1월 18일, sohu)

37

huò dé gǎn

获 得 感

만족감/성취감

해석

'获得感'은 어떤 이익이 생긴 이후 느끼는 만족감을 뜻한다. 2015년 2월
중앙전면심화개혁영도소조 10차 회의에서 시진핑 주석이 언급한 뒤에는
그 의미가 국민이 개혁의 성과를 공유하며 느끼는 행복이라는 뜻으로 많
이 사용되고 있다.

원문

要科学统筹各项改革任务, 推出一批能叫得响、立得住、群众认可的硬
招实招, 把改革方案的含金量充分展示出来, 让人民群众有更多"获得
感"。(2015年2月27日, 习近平在中央全面深化改革领导小组第十次会议
中的讲话)

번역

모든 개혁 과제를 과학적으로 통합해 널리 알릴 수 있고 확고한 기반을
가질 수 있으며, 국민이 인정할 수 있는 실질적인 방법들을 제시함으로
써 개혁방안의 실제적 가치가 충분히 발현되고, 이로써 국민이 더 많은
만족을 느낄 수 있도록 해야 할 것입니다. (2015년 2월 27일, 중앙전면심화
개혁영도소조 제10차회의에서의 시진핑의 발언에서)

38

hù lián wǎng
互联网 +

인터넷 + (인터넷 플러스)

해석

'인터넷+'란 전통산업에 인터넷을 더한다는 뜻으로, 전통산업과 인터넷
및 IT 기술의 융합을 통해 새로운 산업으로 재창조한다는 의미로 볼 수

있다. 플러스 기호(+)는 더함과 융합을 통한 업그레이드 및 혁신적인 발전을 의미한다. 리커창 총리가 2015년 정부공작보고에서 언급한 이후 중국 정부에서는 '인터넷+'를 통한 산업 재편 및 고도화를 적극 추진하고 있다. 전자상거래, 게임산업, 영상공유사이트, 핀테크 등이 대표적인 '인터넷+'라고 할 수 있다.

예문

大学生就业与"互联网+"紧密相连，不仅创造了巨大的财富，也为社会减轻了压力。(2015年6月24日，李克强主持召开国务院常务会议上的讲话)

번역

대학생의 취업과 '인터넷+'는 긴밀한 관계가 있습니다. 그것은 거대한 부를 창출했을 뿐만 아니라 사회적인 (취업) 압력도 감소시켰습니다. (2015년 6월 24일, 국무원 상무위원회의에서의 리커창의 발언에서)

39

yán zhí
颜值
얼굴/미모

해석

얼굴을 의미하는 '顔'에 특정 값이나 수치를 의미하는 '值'가 더해져 외모의 수준을 의미하는 말로 널리 사용되고 있다. 최근에는 사람의 외모뿐 아니라 사물의 외관에 대한 평가를 할 때에도 사용된다.

예문

"对于用户来讲，手机颜值很重要，但金絮其外败絮其中更是一场噩梦。" (2016年1月23日，IT时代周刊)

번역

"사용자들에게 휴대폰의 외관은 매우 중요하다. 그러나 겉만 화려하고 속이 부실하면 악몽이 아닐 수 없다." (2016년 1월 23일, IT Times)

40

bǎo bao
宝宝

베이비 / 아기

해석

원래 '宝宝'는 아기를 의미하는 일반적인 단어로, 영어 저작 혹은 영상의 번역물에서는 영어 'baby'의 번역어로 연인을 부를 때 사용되기도 하였다. 최근에는 애교 섞인 말투로 자신을 지칭하는 말로 '本宝宝'와 함께 사용되기 시작하였다. '本宝宝拜托了(부탁드릴게요)', '笑死宝宝了(웃겨 죽겠어요)' 등에서처럼 '宝宝'가 자신을 귀엽게 지칭하는 데 사용되고 있다.

예문

"美国自杀可能性最高的大学排名，吓死宝宝了。"(2016年1月22日，扬子晚报网)

번역

"자살 가능성 높은 미국 대학 순위, 충격적이다."(2016년 1월 22일, 양쯔만보망)

41

chuàng kè
创客
혁신적 창업가

해석

2015년 정부공작보고에서 리커창 총리가 '대중의 창업과 혁신(大眾創業, 萬眾創新)'이 중국 경제를 이끌 두 가지 엔진 중 하나라고 언급하면서 한국의 창조경제와 마찬가지로 중국에서도 혁신과 창업이 장려되었다.

이에 따라 혁신적 창업가를 뜻하는 '创客'가 새로운 유행어가 되었다.

예문

创客充分展示了大众创业、万众创新的活力。这种活力和创造，将会成为中国经济未来增长的不熄引擎。 (2015年1月4日，李克强在深圳考察时的评价)

번역

혁신적 창업가는 대중의 창업과 혁신의 활력을 충분히 선보여 주었습니다. 이러한 창조와 활력은 미래 중국경제의 꺼지지 않는 성장엔진이 될 것입니다. (2015년 1월 4일, 선전지역 시찰 후 리커창의 평가 발언)

42

nǎo dòng dà kāi
脑洞大开

기발하다.

해석

'脑洞大开'는 대담한 상상력을 의미하는 것으로, 그 특이하고 풍부한 상상력이 황당무계할 정도에 이르기도 한다. 2015년 인터넷 드라마 『脑洞大开』가 방영된 후 매체에서 자주 사용하고 있다.

예문

"脑洞大开! 韩国一餐馆推棉花糖炸酱面。"(2016年1月20日, 江海明珠网)

번역

"기상천외! 한국의 한 식당에서 솜사탕 짜장면 출시"(2016년 1월 20일, 장하밍주망)

43

duò shǒu dǎng

剁手党

(인터넷) 쇼핑중독족

해석

'剁手党'은 인터넷 쇼핑에 중독된 사람들을 가리킨다. 주로 여성이 많으며 '剁手族', '剁手帮' 등으로 사용된다. 이러한 사람들은 인터넷 쇼핑 사이트를 쉴 새 없이 넘나들며 가격 비교 검색에, 주문에 피곤한 줄도 모른다. 한 번만 더 충동구매를 하면 손을 잘라 버리겠다고 다짐도 하지만 얼마 지나지 않아 또다시 재발한다. 김용의 『사조영웅전(射雕英雄傳)』에서 한 인물이 식탐으로 큰일을 그르쳐 자신의 손을 잘라 버렸지만, 그 뒤로도 맛있는 음식을 보면 여전히 식탐을 자제하지 못하는 데서 유래했다.

"中老年人购买力不输年轻人，大爷大妈也纷纷加入剁手党。"(2015年12月31日，第一财经日报)

번역

"청년층에 뒤지지 않는 중·노년층의 구매력, 시니어들도 쇼핑 중독족에 가세하다."(2015년 12월 31일, 제일재경일보)

44

zhǔ yào kàn qì zhì
主要看气质

내면의 모습(품격, 분위기)에 주목하다.

해석

외면의 형식이 아닌 내면의 기질을 중시한다는 뜻이다. 타이완 여가수 왕신링(王心凌)이 새 앨범을 발표하면서 블로그에 햄버거를 먹는 사진을 올렸다. 이에 네티즌들이 '격조가 없다', '교양이 없다'는 등의 댓글을 달았다. 그러나 한 네티즌이 괴짜 사진이기는 하지만 또 다른 분위기가 있다며 '내면의 모습에 주목해야 한다'는 댓글을 달면서 이 말이 크게 유행되었다.

"沈阳那些韵味老街，主要看气质。"(2016年1月4日，腾讯大辽网)

번역

"선양의 옛 정취가 넘치는 거리들, 이 분위기에 주목하자."(2016년 1월 4일, 텅쉰망)

45

lái zì xīng xīng de nǐ
来自星星的你
별에서 온 그대

해석

한국 드라마『별에서 온 그대』가 시진핑 등 국가 지도자들도 이 드라마에 대해 알 정도로 크게 성공을 거두면서 주인공인 전지현, 김수현, 극 중에 나온 치맥 등 한국 문화와 드라마 속 소품 등도 크게 인기를 끌었다. 그후 '별에서 온~' 혹은 '별그대에서 등장한~' 등 의미로 광고 등에 많이 사용되었다.

예문

"来自星星的高跟鞋"、"来自星星的炸鸡"

"별에서 온 하이힐", "별에서 온 그 치킨"

46

tǔ cáo
吐 槽

츳코미, 딴죽걸기, 조롱, 원망

해석

인터넷 유행어이다. 원래는 일본의 만담(漫才) 용어인 '츳코미'의 중국어 번역어로 타이완에서 유행하다 대륙에서도 사용되기 시작하였다. 일본 만담에서 상대방의 말에서 재미있게 꼬투리를 잡아 딴죽을 걸면서 만담을 이어가나가는 형식을 말한다. 일본 애니메이션을 통해 중국에서도 유행하기 시작하였다. 중국어에서는 상대의 말에 대한 '불평이나 원망', '트집', '비꼬기', '딴죽' 등의 의미가 더 크다고 할 수 있다.

예문

"春晚遭大量'吐槽'建议今后方案征求各界意见。"(2016年3月11日，第一财经)

"봄 밤에 많은 사람들의 원망만 들었으니, 앞으로 방안을 세울 때는 각계의 의견을 구하길." (2016년 3월 11일, 제일재경일보)

zhòng yào de shì shuō sān biàn
重要的事说三遍

중요한 일은 세 번 말해야 한다. 이 일은 매우 중요하다.

해석

원래는 일본에서 일본의 유명인이 약품 광고에서 사용하면서 유행하게 되었다. 문자 그대로 해석하면 중요한 일은 세 번 말해야 한다는 뜻이다. 중국에서 '3'은 여러 번 혹은 많다는 뜻을 가지고 있어서 '이 일의 중요성은 아무리 강조해도 지나치지 않다'의 중국어식 표현이라고 할 수 있다.

예문

这段话我已说过多次，但中国网络上现在流行一种说法，叫'重要的事情说三遍'：人民币不具备长期贬值的基础！我们更无意打货币战，通过贬值来刺激出口，这种事情损人也不利己。(2016年2月29日，李克强会见美国总统代表、财政部长雅各布·卢时的讲话)

번역

이 말을 이미 여러 차례 이야기 한 바 있습니다. 하지만 요즘 중국 인터넷에서 유행하는 표현을 빌려 말하자면 '중요한 일은 세 번 말해야 하기 때문에(이 일은 매우 중요하므로)' 다시 말씀드리겠습니다. 위안화가 장기 절하될 조건을 가지고 있지 않습니다. 우리는 통화 전쟁을 할 뜻은 더욱 없습니다. 통화 절하를 통해 수출을 부양하는 것은 남에게 손해를 줄 뿐 아니라 자신도 불리해질 수 있습니다. (2016년 2월 29일, 미국 대통령 특사 및 미국 재무장관과의 회견 시 리커창 총리의 발언에서)

중국 지도자의 수첩

초판 1쇄 발행　2016년　12월　16일
초판 2쇄 발행　2017년　 3월　16일

엮 은 이　성균중국연구소
옮 긴 이　이희옥·고영희·장현주·우완영
펴 낸 이　정규상
펴 낸 곳　성균관대학교 출판부
출 판 부 장　오종우
편　　집　신철호·현상철·구남희
외주디자인　최세진
마 케 팅　박인봉·박정수
관　　리　황용근·김지현
등　　록　1975년 5월 21일 제1975-9호
주　　소　03063 서울시 종로구 성균관로 25-2
대 표 전 화　02)760-1252~4
팩 시 밀 리　02)762-7452
홈 페 이 지　press.skku.edu

ISBN 979-11-5550-199-3　04340